KNAUR

Von Monika Bittl sind bereits folgende Titel erschienen:
Alleinerziehend mit Mann
Muttitasking
Der Brei und das Nichts
Ich hatte mich jünger in Erinnerung
Ich will so bleiben, wie ich war

Monika Bittl

Ohne meinen Mann wär ich glücklich verheiratet

Lesewellness für die Frau mit Anhang

Besuchen Sie uns im Internet:
www.knaur.de

Originalausgabe August 2018
Knaur Taschenbuch
© 2018 Monika Bittl
© 2018 Knaur Verlag
Ein Imprint der Verlagsgruppe
Droemer Knaur GmbH & Co. KG, München
Alle Rechte vorbehalten. Das Werk darf – auch teilweise – nur mit
Genehmigung des Verlags wiedergegeben werden.
Covergestaltung: ZERO Werbeagentur, München
Coverabbildung: Cindy Fröhlich / illustratoren.de
Bildnachweis: Emoticons: DStarky / Shutterstock.com;
Denkblase: Best Vector Elements / Shutterstock.com
Satz: Adobe InDesign im Verlag
Druck und Bindung: CPI books GmbH, Leck
ISBN 978-3-426-78965-0

2 4 5 3

Ähnlichkeiten mit lebenden oder mit mir lebenden
Personen sind rein zufälliger Natur.

Inhalt

Vorwort **9**

Schatzi auf den 97. Blick **15**

Männersichtgerät **20**

Wer zweimal mit der Gleichen pennt … **28**

Bedienungsanleitung für eine Ehefrau **32**

Bedienungsanleitung für einen Ehemann **36**

Wir schenken uns nichts **38**

Ist das Liebe oder kann das weg? **47**

Zu einer glücklichen Ehe gehören meist
mehr als zwei Personen **56**

Seid ihr eigentlich verheiratet? **62**

Jahrhundertnachricht **66**

Willkommen in diesem Theater! **67**

Rätselraten **78**

Schwiegermütter & andere Monster **80**

Wie die Karnickel **92**

Zauberformel **94**

Wen würden Sie wählen? Trump oder Macron? **99**

Einkaufen für Fortgeschrittene **102**

Ganz normale Störungen **107**

Rezept für eine Hochzeitssuppe **110**

Love him or leave him **114**

Der Witz an der Sache **121**

Für immer ist ganz schön lang   123

Schatzsuche   131

Wolkenkuckucksheim   134

Speed-Doctoring   136

Sex ist out, sieben ist in …   142

Ist irgendwas?   143

Test: Sind Sie ehetauglich?   155

Gedankenrallye   157

Abriss-Tipps zum Aufriss   161

Sie & Er & WhatsApp-Verkehr   163

Je suis Alex   170

Der richtige Riecher   175

Alles auf Anfang   180

Wir sind Uhu!   182

Eine haarige Sache   183

Szenen einer Ehe   191

Philemon und Baucis   198

Schön oder praktisch?   201

Kaufrausch   211

Interview mit Gott   214

Gruppensex im Pensionistenheim   224

Tatort Schlafzimmer – ein mörderisches Protokoll   228

Er hat immer das letzte Wort   237

Quellen   238

Vorwort

Als ich ihm zum ersten Mal begegnete, lästerte ich hinterher bei meiner besten Freundin über ihn: »Wenn der Typ mal eine Freundin hat, tut sie mir jetzt schon leid.«

Mit diesem Typen bin ich nun 32 Jahre zusammen, 22 Jahre davon verheiratet. Wir haben zusammen Kinder, laufen unter einer gemeinsamen Steuernummer beim Finanzamt und teilen uns einen Kleiderschrank im Verhältnis 70 : 30 zu meinen Gunsten. Ebenfalls 70 : 30 zu meinem Vorteil steht die Aufteilung unserer Charakterstärken zu unseren Verhaltensstörungen. Für ihn steht ... ja, was eigentlich?

Er ist die Sorte: Einrichtung-in-Eiche-rustikal, Formeleins-Freak, Gäste-stören-nur-Cocooning-Haltung, Latein-bildet-fürs-Leben und »Was ich heute kann besorgen, das verschieb ich nicht auf morgen«, weshalb er mittlerweile schon gleich nach dem Aufstehen die Anziehsachen für den nächsten Tag bereitlegt. Ich stehe auf ein offenes Großstadtloft mit minimalistischer Einrichtung, hasse Wettkämpfe in der Glotze, würde am liebsten jeden Tag für das ganze Viertel eine Party schmeißen, bin genervt von Bildungsbürgern und werfe beim Ausziehen am Abend einfach die alte Wäsche vor mein Bett.

Zu meinem großen Erstaunen haben wir uns bisher noch nicht gegenseitig umgebracht. Und noch verwunderlicher als die Tatsache, dass wir uns schon gegenseitig 32 Jahre überlebt haben, ist, dass wir uns immer noch ... ähm ... lieben. Denn weder Reichtum, Gewohnheit oder das Geheimnis eines gemeinschaftlich begangenen Mordes mit einer Leiche im Keller schweißen uns zusammen.

Auch meine Mutter fragte mich neulich: »Sag mal ehrlich, wieso bleibst du bei Alex? Lass mich raten! Wegen der Hypothek? Wegen der Kinder? Aus Phlegma?«

»Nö«, antwortete ich nach kurzer Überlegung. »Es muss wohl Liebe sein.« Meine Mutter blickte mich daraufhin an, als würde ich seelenruhig ein Mikadospiel legen, obwohl gerade ein Erdbeben der Stärke acht auf der Richterskala ausbricht.

Wie ist das möglich? Wenn andere vom »größten Rätsel der Menschheit« sprechen, denke ich persönlich weder an die Entstehung des Lebens, die Weiten des Universums oder den Kalender der Maya, sondern an ihn, meinen Mann und ... ähm ... ja: unsere Liebe.

Ich finde, es ist Zeit, diesen Begriff wieder zu entstauben und zu recyceln. So, wie die Homosexuellen »schwul« als Schimpfwort entsorgten und neu positiv besetzten. Wir in unseren Psychozeiten reden von »intakter Beziehung«, »gleichberechtigter Partnerschaft« oder »seriellem Lebensabschnittsgefährten«. Wir trauen uns nicht mehr zu sagen: »Ich liebe ihn«, weil die Schnulzen, der Kitsch und die Werbung den Begriff gekapert haben. Aber trotzdem gibt es keine treffendere Vokabel für diesen Zustand, weil sie nicht die Zweckgemeinschaft, sondern das Gefühl in den Mittelpunkt stellt. Liebe ist einfach eine prima Erfindung der Menschheit. Aber gut ... das sind die Narkose, das Fahrrad und die Spülmaschine auch.

Keine Sorge, liebe Leserin und lieber Leser, »es muss wohl Liebe sein« führt nicht dazu, wieder in voremanzipierte Zeiten zurückzufallen und Kinder, Küche und Kerl zu bedienen. Sich altmodisch als Liebende zu betrachten befreit vielmehr vom psychologischen Optimierungs-Korsett unserer Zeit und den zahlreich damit verbundenen Zwängen, alles perfekt hinzukriegen.

Und das, obwohl Konfliktforscher bei meinem Mann und mir bis ans Lebensende Studienmaterial finden würden. Denn wir streiten uns ständig. Und nicht nur das. Wir missachten meist alle Regeln des positiv-konstruktiven Umgangs miteinander. Wir schenken uns nichts – nicht mal zum Hochzeitstag, den wir neulich schon wieder vergessen haben (woraus ich ihm aber einen fiesen Strick drehte und einen Bogen vom Feminismus über die patriarchale Struktur bis hin zu einem vergessenen Hochzeitstag spannte, was zum gewünschten Ergebnis führte, dass er schnell doch noch zur Parfümerie meines Vertrauens eilte. Sie sehen, wie fantasievoll er schenken kann!). Durchschnittlich einmal im Jahr (früher drei Mal!) verlasse ich ihn für mindestens eine Nacht und ziehe in ein Hotelzimmer mit dem festen Vorsatz, diesen Widerling ein für alle Male zu verlassen – bis ich um fünf Uhr morgens aufwache und nicht mehr weiterschlafen kann, weil ich ebendiesen Widerling nicht neben mir spüre und er seinen schwarzen Humor nicht zeigen kann: »Das nächste Mal müssen wir uns noch lauter anschreien, damit die Nachbarn auch was von dem Spektakel haben, deren Leben ist doch langweilig!«

Wir belügen uns, wir sagen uns aber auch manchmal die Wahrheit. Wir reden viel miteinander. Meist nur Banales. Manchmal aber auch über ganz Tiefes. Wir können auch mal einen Schritt zurücktreten und uns von außen sehen. Wie neulich, als wir vor dem Kühlschrank standen und uns darüber zankten, ob die Milch nun links oder rechts in der Kühlschranktür stehen soll, bis unser Sohn kopfschüttelnd bemerkte: »Unglaublich, über was sich Erwachsene streiten können!«

Es darf nicht wahr sein – wir sind nun 32 Jahre zusammen. Wie ist das möglich? Wieso ist das ausgerechnet mir

passiert, die ich die Ehe früher für eine Verspießerungs-
anstalt ohne täglichen Freigang hielt? Wie funktioniert
eine gute (gibt es das?) Ehe überhaupt in Zeiten enormer
Scheidungsraten und der Suche nach dem perfekten, indi-
viduellen Glück?

Jede Zeit hat ihre gemeinsamen Werte und Wertvorstel-
lungen, die keiner grundsätzlich infrage stellt, weil sie uns
in ihrem scheinbar universellen Charakter Geborgenheit
vermitteln. Eine Geborgenheit, die wir dringend brauchen,
die wir in der Gesellschaft und vor allem auch im Nächsten, dem Partner, suchen. Wir sind nicht so unabhängig,
wie wir denken, sondern auch immer Kinder unserer Zeit.
Und die heutige Zeit raunt uns unaufhörlich zu, wir müssten nur loslassen können. Wir haben vergessen, dass uns
manchmal »festhalten können« glücklicher macht. Wo die
Generationen vor uns noch überzeugt forderten: »Bleib
bei ihm, es kommt nichts Besseres nach!«, betreiben wir
meist lieber Partner-Hopping, als uns vor uns selbst wegen
»mangelnder Flexibilität« zu schämen.

Es gibt immer gute Gründe, einen Mann zu verlassen,
klar. Wenn er eine andere hat oder den Müll nicht wegbringt. Wobei die Frauen in meiner unmittelbaren Nähe
sogar noch eher mit dem Fremdgänger als mit dem Haushaltsfaultier zurechtkommen. »Meine drei Kinder können
die Jacken an der Garderobe aufhängen, mein Mann
nicht«, erklärte mir neulich eine Bekannte auf die Frage,
warum sie die Scheidung eingereicht hat. Sosehr wir auch
wissen, dass wir uns mit einem Mann ein Kind einhandeln,
das nie erwachsen werden wird, so sehr hoffen wir wider
besseres Wissen doch, dass er durch das Windelwechseln
bei den Kleinen gelernt hat, nicht mehr nach uns zu schrei-
en: »Was soll ich denn machen, Schatz? Es ist nichts mehr
im Kühlschrank!« Denken Sie in solchen Situationen *nie*

12

daran, dass er als Single eigenständig einen vorbildlichen Haushalt führen konnte, die Kinder bisweilen exzellent bekocht und ein Büro leitet. Bei infantilen Kühlschrank-fragen dieser Art helfen nur klare Ansagen oder hilfreiche Tipps wie: »Dann geh halt einkaufen!«

Es gibt aber auch immer gute Gründe, doch bei einem Mann zu bleiben und sich deshalb nicht der Feigheit zu bezichtigen. Manchmal liebt man sich einfach nicht mehr – dann trennt man sich besser. Aber wie kommt es, dass bei einem Drittel der deutschen Paare im Schnitt nach 14 Jahren Diebe aufkreuzen und die Liebe stehlen? Und warum verstehen sich andere Ignoranten wie wir wiederum da-rauf, das Haltbarkeitsdatum der Ehe ständig zu verlängern, wobei keiner von uns vor dem Traualtar jemals an eine mögliche Ablaufzeit des himmlischen Gefühls dachte? Wie kommt es, dass zwei Drittel der Bundesbürger an eine Liebe glauben, die ein Leben lang hält, aber unverdrossen weiter die Scheidungsrichter beschäftigen? Und wie um Himmels willen ist es möglich, dass laut Statistik Ehen im Vergleich zu Partnerschaften ohne Trauschein glücklicher sind? Haben wir uns freiwillig einen Wert zurückerobert? Einen Wert, der vielleicht gar nicht so reaktionär, sondern eher universell, da verbindlich ist? Wieso glauben wir an Vollkasko, obwohl im Vertrag nur Haftpflicht steht? Wie kann ich mir einen idealen Mann basteln, und warum gehören »zu einer glücklichen Ehe meist mehr als zwei Personen«?

Diesen und anderen Fragen geht dieses Buch nach. Auch die wichtigste Frage zur Liebe schlechthin wird disku-tiert – woher weiß ich, dass er der Richtige ist, wenn er nicht mal WLAN im Haus installieren kann?

Falls es nach dem neuesten Stand der Forschung überhaupt eine halbwegs zuverlässige Betriebsanleitung für die Ehe gibt, lautet sie: Die Frau muss glücklich sein, dann läuft der Laden! Echt jetzt. Es geht nur um Sie, liebe Leserin! Das Seelenleben des Gatten spielt nach neuesten Untersuchungen kurioserweise keinerlei Rolle, ist völlig irrelevant im Hinblick darauf, ob man sich später mal einen Seniorenteller im Stift teilt. Es kommt nur auf *Sie* und *Ihr* persönliches Glück an. Wie das aber neben *ihm* zu erreichen ist, verrät auch wiederum niemand außer mir und hier – vielleicht.

32 Jahre sind Langstrecke und kein Sprint. Entsprechend anders verläuft das Training für einen One-Night-Stand oder eine lange Partnerschaft. Aber Achtung! Dieses Buch ist kein Trainingsprogramm mit strikten Fitnessanweisungen. Es ist auch kein (Patent-)Rezept für die Liebe, denn das gibt es nicht. Ich stelle Ihnen nur die kuriosen Zutaten vor, mit denen Sie Ihr eigenes Liebessüppchen so kochen können, dass Sie zusammenbleiben – vorausgesetzt, Sie möchten das. Außerdem schicke ich Sie mit den Texten auf eine Smile-Wellnessreise, denn manchmal tut auch Abstand gut und ein Blick über den eigenen Tellerrand der Ehe hinaus.

Sie werden sich in den Geschichten wiedererkennen – und Sie werden über sich selbst und andere schmunzeln können. Denn der Humor ist nicht nur ein verdammt gutes Fundament für eine Partnerschaft, sondern auch die beste Möglichkeit, mit allen kleineren und größeren Tragödien des Alltags zurechtzukommen – und also auch mit einem Ehemann.

Schatzi auf den 97. Blick

Eine Viertelsekunde kann Ihr ganzes Leben entscheiden. Nein, ich meine nicht eine Unaufmerksamkeit im Straßenverkehr, den Geistesblitz zu einer ultimativen Geschäftsidee oder die unvermittelt einsetzenden Mordgelüste beim Gespräch mit dem Finanzbeamten.

Mit einer Viertelsekunde bemessen Forscher den Zeitraum, in dem wir andere Menschen als sympathisch einstufen oder gar der »Liebe auf den ersten Blick« verfallen. 74 Prozent der Deutschen glauben an die Liebe fürs Leben und 76 Prozent an die Liebe auf den ersten Blick. Und ich glaubte lange, dass bei Alex und mir da etwas gründlich schiefgelaufen sei mit der Liebe. Denn bei uns entwickelte sich das völlig anders.

Weil Erinnerungen, je länger das ursprüngliche Ereignis her ist, desto öfter trügen und wir sie unbewusst beschönigen, habe ich in meinen alten Tagebüchern noch mal nach einer Notiz zu der ersten Begegnung mit meinem Mann gesucht. Was soll ich sagen? Ich fand nichts, nada, niente dazu! Nicht mal eine kleine Notiz: »Heute Alex kennengelernt.« Das Datum unseres ersten Zusammentreffens lässt sich nicht mehr feststellen. Denn bei meinem Mann brauche ich auch erst gar nicht nachfragen. Das wäre in etwa so sinnvoll, wie meine Großmutter darum zu bitten, mir die Tiefen der WhatsApp-Menüführung zu erklären. Immerhin erinnert sich Alex noch daran, dass wir »irgendwann im Dezember vor 33 Jahren« zum ersten Mal miteinander geschlafen haben – aber selbstverständlich weiß er auch nicht mehr, wann genau wir »beschlossen«, ein Paar zu werden. Das weiß ich wiederum noch, also jedenfalls den ungefähren Zeitraum. Es muss irgendwann im Mai vor 32 Jahren gewesen sein, weshalb wir nun praktischerweise einfach im Nachhinein unseren »Beziehungstag« mit dem Hochzeitstag zehn Jahre später im Mai zusammengelegt haben. Auf ein paar Tage mehr oder weniger kommt es mit zunehmendem Alter ohnehin nicht mehr an.

Was ich aber noch sicher weiß: Liebe auf den ersten Blick war das nicht. Eher im Gegenteil. An die Umstände und das Geschehen unserer ersten Begegnung erinnere ich mich noch genau. Und so schilderte ich das Geschehen 30 Jahre später meinen Facebook-Freunden:

»Vor 30 Jahren lernte ich bei einem Konzert über Bekannte einen schönen, jungen Mann kennen. Wir gingen noch in eine Kneipe, tranken, drehten Zigaretten und diskutierten begeistert bis zur Sperrstunde über die neu entstehenden Grünen, die Spießigkeit der Gesellschaft und welches Studium denn überhaupt infrage käme. Ich nahm ihn mit in meine Mini-Wohnung – da kam es zu einer ›bösen Überraschung‹. Statt mir Komplimente zur Einrichtung zu machen oder gar zu versuchen, mich zu küssen, entdeckte er geografische Fehler auf der von mir aufgehängten Landkarte, kam darüber auf ein linguistisches Problem im Altgriechischen zu sprechen, was ihn zu allgemeinen Betrachtungen zur Malerei veranlasste, die er mit einer Nachzeichnung eines völlig unbekannten Gemäldes van Goghs aus dem Kopf heraus untermauerte. Dieses Bild sei das Beste überhaupt, hörte ich, die Sonnenblumen völlig überschätzt, die habe ja jeder Spießer im Wohnzimmer. Nun hatte ich ausgerechnet die Sonnenblumen van Goghs auf der Toilette hängen und hoffte fortan inständig, dass mein Gast nicht ›musste‹, und hielt ihn deshalb vom weiteren Trinken ab. Aber es kam, wie es kommen musste – er ›musste‹ schließlich doch!

Er kam zurück, sagte nichts dazu und verabschiedete sich später charmant. Am nächsten Tag wachte ich auf und dachte mir: ›Der hat doch 'ne Meise!‹ Wer sieht schon Fehler auf Landkarten? Wer zeichnet schon einen van Gogh nach? Wen um Himmels willen beschäftigt schon ein linguistisches Problem im Altgriechischen? Nein, nein, das konnte kein Revolutionär sein, der gehörte in die Schublade ›verkappter Spießer‹.

Mit dem ›verkappten Spießer‹ habe ich nun nicht nur zwei Kinder, sondern mehr als ein halbes Leben hinter mir. In unserer Wohnung hängen eine Landkarte ohne Fehler und der Nachdruck eines unbekannten van Goghs. Zum Rest der Einrichtung, die hauptsächlich von mir ausgesucht wurde, höre ich manchmal Komplimente, zu mir natürlich auch. Beim Abendessen diskutieren wir bisweilen linguistische Probleme, die nach wie vor ungelöst sind, mittlerweile zu viert.

Was ist das für ein unverschämtes Glück, so einem Menschen zu begegnen, sich zu verlieben und alle Stürme & Streits über die Jahre zu überstehen?«

Also, Liebe auf den ersten Blick war das nun wahrlich nicht. Und ich habe immer ein klein wenig (wenn ich ganz ehrlich bin) an unserer Liebe gezweifelt, weil ich mir dachte, ist das nicht nur eine »Notlösung«, weil es nicht sofort funkte? Nein, »zweifeln« ist der falsche Ausdruck, aber ein wenig grummelte es eben doch im Hinterkopf: Ist die Liebe wirklich so groß, wenn sie nicht mal auf Anhieb zustande kam? Meine Freundin Kikki erzählte mir, sie hätte nach nur 15 Minuten mit *ihm* gewusst, dass er der Mann ihres Lebens sei. Die beiden saßen sich zufällig in der S-Bahn gegenüber, als ihr der Stadtplan (ja, gab es damals noch, nicht Google Maps!) versehentlich aus der Hand und auf den Boden fiel. Kikkis späterer Mann hob ihn ihr

auf, darüber kamen sie ins Gespräch. Und – so Kikki –
nach 15 Minuten war ihr alles klar: Er oder keiner.

Solche Geschichten habe ich immer wieder gehört, und
die Schlagerwelt ist auch voll davon. Doch auch wenn
mein Verstand sagte, es gibt doch nicht nur die Liebe auf
den ersten Blick, so nagte doch immer wieder ein Zweifel
in mir, ob unsere Liebe vielleicht kleiner und weniger wert
wäre, weil sie sich erst von einer unscheinbaren Raupe zu
einem schönen Schmetterling entpuppen musste.

Dann aber springt mir eines Tages eine Antwort in Form
einer Veröffentlichung von neuen Forschungsergebnissen
ins Gesicht. »Es gibt die Liebe auf den ersten Blick – aber
sie ist eine Illusion.«

Holla, die Waldfee, denke ich. Was soll das denn nun
heißen? Begierig lese ich weiter. Ein Team um den Psychologen Florian Zsok ließ etwa 400 Frauen und Männer
Bilder potenzieller Partner bewerten und organisierten
Speed-Dating-Sitzungen, bei denen die Teilnehmer Unbe-
kannte trafen. Dazu sollten alle immer wieder ihre Gefühle
schildern.

Bei allen verschiedenen Versuchen gaben die Mitwirken-
den an, sie hätten bei mindestens einer der Begegnungen
Liebe auf den ersten Blick empfunden, berichten die Forscher. »Aber Liebe ist ein viel zu großes Wort für das, was
die Probanden erlebt haben«, erklärt der leitende Psycho-
loge Florian Zsok.

Denn Liebe bestünde aus Vertrauen, Intimität, Fürsor-
ge, Zuneigung; dass der Gefühlshaushalt nach nur einem
Blick von derart tiefen Empfindungen überwältigt werden
könnte, ist vielleicht etwas vermessen. Geborgenheit und
Nähe entstünden im Lauf einer gemeinsamen Geschichte.
Der erste Blick verschaffe nur Gewissheit, dass wir den anderen attraktiv finden. Das aber passiere in einem Wim-

pernschlag: Millisekunden reichen, um zu einem Eindruck zu gelangen, der kaum je revidiert würde. Die Verzückten in Zsoks Versuchen erlebten also keine Liebe – sondern Anziehung, Begierde oder Sehnsucht auf den ersten Blick, die sich ausschließlich an physischer Attraktivität entzündeten. Und es waren fast nur männliche Teilnehmer, die auf diese Weise entflammten. »Das passt zu den gängigen Vorstellungen, dass Männer besonders auf das Äußere achten«, sagt Zsok. Für Frauen seien Bindungsbereitschaft und Status wichtiger, doch diese Qualitäten offenbaren sich eben nicht augenblicklich.

Einer anderen Studie zufolge bleiben von den Paaren, die »Liebe auf den ersten Blick« empfanden, nach einem Jahr nur fünf Prozent übrig. Alle anderen scheitern an ihren Illusionen, die sie sich offenbar auch über die Liebe gemacht haben.

In diesem Sinne sind Alex und ich eventuell auch eher schon so lange zusammen, weil wir von vornherein gar nicht einen siebten Himmel, sondern vielmehr eine bezahlbare Wohnung beziehen wollten?

Aber reiner Pragmatismus ist vielleicht für den Haushalt vernünftig; für die Liebe wird es dann doch komplizierter. Was weiß ich denn! Für keinen anderen Bereich in meinem Leben gilt mehr: »Ich weiß, dass ich nichts weiß!« Aber eins weiß ich: Ich liebe ihn!

Und damit das nun nicht alles zu romantisch und zu sentimental wird und wir womöglich gleich noch in Tränen ausbrechen wie unsere Tanten und Omis vor dem Traualtar, hole ich Sie und mich auch gleich wieder runter, mit einem Fakt, den ich auch in so einer Statistik gelesen habe. Der beliebteste Kosename unter deutschen Paaren lautet: »Schatz«. Wow! Wie fantasievoll! Wie außergewöhnlich! Wie besonders. So nennen auch wir uns. Tja.

Männersichtgerät

Schon immer habe ich mich gefragt, wie es wohl wäre, mich und andere Frauen mal mit den Augen der Männer sehen zu können. Also, ich würde gerne mal so eine Variante eines »Nachtsichtgerätes« tragen, das mir alles zeigt, was mir sonst verborgen bleibt und meine Augen ähnlich wie in der Dunkelheit nicht sehen können. Mit dem Kopf können wir sicher viele der Geschlechterunterschiede erkennen und vielleicht begreifen. Aber wie fühlte sich das an, mit einem männlichen Blick durch die Welt zu gehen?

Nun kann frau leider bei keinem Optiker so ein Ding erwerben, und Apple hat zwar das Smartphone und diese »Watch« erfunden, aber ein Männersichtgerät stand auch dort nicht auf der Agenda der dringend benötigten Erfindungen. Mein technisches Vermögen ist zwar gar nicht so ohne – ich kann sogar Bohrmaschinen bedienen –, aber für so eine weitreichende Innovation, die sicher analog der digitalen Revolution ein neues Zeitalter einläuten würde, reichen meine Kenntnisse einfach nicht. Eine Frau ab 40 ist pragmatisch und weiß, wo ihre Grenzen liegen. Für so ein Männersichtgerät müsste ich meinen Job aufgeben, noch einmal studieren (Maschinenbau oder Psychologie) und mich von meiner Familie trennen. Denn nichts ist einem Erfindungsgeist abträglicher als ein Mann, der ins Arbeitszimmer stürmt und fragt: »Schatz, wo ist meine Brille? Ich finde sie nicht mehr! Kannst du mir suchen helfen?«, oder ein Sohn, der am helllichten Tag eine so megapeinliche Musik laufen lässt (siehe Kapitel »Gruppensex im Pensionistenheim«), dass kein klarer Gedanke zu einer inhaltlichen Arbeit mehr zu fassen ist. Oder gar noch eine Tochter, die zitternd und mit Tränen in den Augen im Türrahmen meines Arbeitsraumes steht und behauptet: »Lion ist mir so was von egal!«

Kann ich mir also abschminken, jemals in meinem Leben so ein Gerät zu erfinden und mich und andere Frauen noch mal durch die männliche Brille zu sehen. Aber Moment ... Frau ab 40 ist doch pragmatisch! Immerhin leben in meinem Haushalt zwei Männer, und die kann ich ja mal fragen, wie die beiden Frauen so sehen. Das ersetzt zwar sicherlich nicht das Feeling, um das es mir eigentlich geht. Aber Ü-40-Pragmatismus heißt einfach: Besser der Spatz in der Hand als die Taube auf dem Dach.

Also eile ich zu meinem Mann Alex und meinem Sohn Lukas und bitte die beiden darum, mir doch zu schildern, wie sie Frauen wahrnehmen.

»Mom, hast du deine Tage?«, fragt mich Lukas, in dessen Vorstellungsvermögen es zwar seit dem Biologieunterricht in der Schule auch Frauen jenseits der 30 gibt, die aber in der realen Alltagswelt eine so geringe Rolle spielen wie Schillers Tragödientheorie oder die Riemannsche Vermutung in der Mathematik.

»Jetzt werfe mir doch nicht schon wieder vor, dass ich zu wenig im Haushalt mache«, erklärt Alex, mir ganz andere Absichten unterstellend. »Natürlich sehen wir euch nicht als Bedienung.« Dass es mir darum jetzt gar nicht geht, lässt sich schnell klären – wäre es doch immer so leicht!

Jedenfalls kommen Alex und Lukas meiner Bitte nach und präsentieren mit großem Tamtam später die Ergebnisse. »Tag und Nacht, ewig lang« hätten sie sich dazu den Kopf zerbrochen (meine Bitte liegt drei Tage zurück!). Selbstverständlich sei alles ohne Gewähr, rein subjektiv, aber ich hätte ja auch keine belastbaren Fakten gefordert.

Eva, die von ihrem Zimmer aus normalerweise so Sätze wie »Und wer räumt den Tisch ab?« einfach nicht hören kann, kommt nun auffällig beiläufig in den Raum geschlendert und behauptet cool, dass sie das eigentlich überhaupt nicht interessiere, wie Männer Frauen sehen, weil seit dieser Geschichte mit Lion dieser »Shit« in ihrem Leben endgültig durch sei. Aber seit der Kleinkindzeit habe ich nicht mehr so eine Neugier in den Augen meiner Tochter gesehen.

»Also«, beginnt Alex so, als würde er eine Präsentation im Büro einleiten, »wir haben zusammengetragen, was Männern an Frauen am wichtigsten ist. Lukas hat den Input erhöht mit Dingen, die ich vergessen habe.« Stolz blickt sich Alex um, wieder so, als würde er seinem Chef eine geniale Idee vorstellen. »Aber ich bin auf das Grundsätzliche gekommen. Man muss das nach Alter differenzieren!« Alex sieht aus, als würde er jetzt schon auf Applaus warten. Eva und ich sehen die beiden Männer jedoch nur fragend an. Ich denke: Mann, müssen Männer immer in einen Wettbewerb treten, sogar Vater und Sohn? Jedes Frauenteam hätte einfach die Früchte seines Teamworks vorgestellt und nicht betont, wer was dazu beigetragen hat.

Aber gut. Jedenfalls präsentieren mir »meine Männer« folgendes Ergebnis:

A. Die Frau der Wahl aus der Sicht von Männern mit 18 Jahren:
1. Titten.
2. Geiler Po.
3. Titten.
4. Hat ein schönes Gesicht.

5. Titten.
6. Hat lange Beine.
7. Hat strahlende Augen.
8. Titten.
9. Hat glänzende Haare und volle Lippen.
10. Hat eben einen Satz gesagt, der gar nicht so dumm ist.

B. Die Frau der Wahl aus der Sicht von Männern mit 28 Jahren:
1. Titten.
2. Geiler Po.
3. Hat eben einen Satz gesagt, der gar nicht so dumm ist.
4. Hat ein schönes Gesicht.
5. Denkt ungewöhnlich.
6. Hat lange Beine.
7. Hat strahlende Augen.
8. Titten.
9. Kann gut kochen.
10. Hat was Warmes, könnte ich mir als Mutter meiner Kinder vorstellen.

C. Die Frau der Wahl aus der Sicht von Männern mit 38 Jahren:
1. Titten.
2. Hat eben einen Satz gesagt, der ziemlich klug ist.
3. Hat ein wunderschönes Gesicht.
4. Sollte ich unbedingt bald schwängern, bevor die biologische Uhr abgelaufen ist.
5. Hat strahlende Augen, wenn sie mich bewundernd ansieht.
6. Kann nicht bloß gut kochen, sondern erledigt für mich auch den Scheiß wie Hemden bügeln. Klasse Charakter.
7. Geiler Po.

8. Hab ich Alzheimer oder erwähnte ich schon die Titten?
9. Ist für alles offen, im wahrsten Sinne des Wortes – reine Experimentierfreude vorhanden. Seitensprung überflüssig.
10. Lässt sich zu wenig bieten, wird immer selbstbewusster.

D. Die Frau der Wahl aus der Sicht von Männern mit 48 Jahren:
1. Ist eine richtig gute Mutter für die Kinder.
2. Hat strahlende Augen, wenn sie mich bewundernd ansieht.
3. Redet keinen Scheiß daher. Ist blöderweise zwar nicht immer meiner Meinung, aber hat gar nicht so dumme Ansichten, was ganz anregend sein kann.
4. Kann nicht bloß gut kochen, sondern erledigt für mich auch den Scheiß wie Überweisungen ausfüllen, Zahnarzttermine vereinbaren und Hemden bügeln. Klasse Charakter.
5. Hat ein wunderschönes Gesicht, obwohl sich erste Fältchen zeigen. Bin stolz auf sie, weil sie sich niemals Botox spritzen ließe.
6. Titten und Po sind top, auch wenn sie früher schon mal fester waren.
7. Wird immer renitenter und selbstbewusster, geht mir allmählich auf die Nerven, wie sie sich im Alltag gegen mich stellt.
8. Die attraktive Tussi im Büro ist zwar 20 Jahre jünger und blond, aber einen Elternabend an der Schule der Kids würde sie nie bewältigen.
9. Ohne sie gäbe es nur noch Saufkumpane und keine Freunde mehr.
10. Hab ich Alzheimer oder erwähnte ich schon die rasierte Möse?

E. Die Frau der Wahl aus der Sicht von Männern mit 58 Jahren:

1. Endlich ist Bayern nicht mehr schon zum Saisonauftakt an der Tabellenspitze.
2. Die Darts-Weltmeisterschaften kann man nur einmal im Jahr ansehen, sonst würde es wirklich langweilig.
3. Hat sie Zwiebeln eingekauft oder schon wieder vergessen?
4. Man müsste mal wieder den Keller aufräumen.
5. Die Blonde im Büro hat richtig geile Titten und einen knackigen Po – hätte ich früher feucht gedacht, heute stelle ich das nur noch neutral fest.
6. Fast vergessen: Meine Frau ist immer noch hoch attraktiv. Warum haben wir eigentlich so selten Sex?
7. Sollte sie vor mir sterben, wäre ich aufgeschmissen. Ich kann ja nicht mal eine Überweisung ausfüllen oder ein Hemd bügeln. Ich weiß nicht mal, wer unser Steuerberater ist. Und alle wichtigen Sozialkontakte pflegt auch sie.
8. Wir sollten im Winter die Vögel füttern und eine Futterstation auf dem Balkon aufstellen. Aber da wird sie sich querstellen. Wie bringe ich ihr bei, dass ich das gerne möchte, ohne dass sie mich als durchgedrehten Bird-Watcher-Knacker sieht?
9. Da sagt sie, ich hätte nichts mehr im Hirn und wäre wie abgestorben, so eingefahren. Ha! Sie hat keine Ahnung, dass ich erst seit Kurzem nicht mehr mit dem Schwanz denke.
10. Deprimierend, wie selten sich der Schwanz noch meldet. Ich werde alt. Aber nein, ich werde nicht der typisch männlichen Midlife-Crisis erliegen und mir eine Jüngere suchen. Ist ja auch albern – welche Frau wollte schon einen Typen, der nur noch so selten einen hoch-

und ohne sie nicht mal eine Bird-Watching-Station auf dem Balkon hinkriegt?

F. Die Frau der Wahl aus der Sicht von Männern mit 68 Jahren:

1. Wenn sie nicht wäre, wäre ich vielleicht schon tot. Frauen schicken Männer zu Vorsorgeuntersuchungen. Der Herzfehler wäre sonst nie entdeckt worden!

2. Klasse Idee von meinem Schatz mit der Medikamentenbox! So vergesse ich die Pillen nie und weiß jeden Tag auch, wann ich welche genommen habe.

3. Hat sie Kartoffeln eingekauft? Die Kinder wollen am Wochenende zu Besuch kommen.

4. Was für ein Tamtam sie um die Weihnachtsdeko auch macht. Aber ehrlich gesagt finde ich das richtig gut. Wie nüchtern und schnöde wäre sonst unsere Wohnung.

5. Hat sie eigentlich Kartoffeln eingekauft? Die Kinder wollen am Wochenende zu Besuch kommen.

6. Die junge Blonde an der Bushaltestelle eben – ist zwar schön anzusehen, aber ehrlich gesagt möchte ich sie nicht geschenkt. Hat vielleicht super Titten und einen geilen Po – aber das ist nun wirklich nicht alles im Leben.

7. Hat sie Kartoffeln eingekauft? Die Kinder wollen am Wochenende zu Besuch kommen. Hat sie bestimmt. Sie ist eine gute Mutter und eine wunderbare Ehefrau.

8. Wenn sie nicht wäre, wäre ich vielleicht schon tot. Frauen schicken Männer zu Vorsorgeuntersuchungen. Der Herzfehler wäre sonst nie entdeckt worden!

9. Klasse Idee von meinem Schatz mit der Medikamentenbox! So vergesse ich die Pillen nie und weiß jeden Tag auch, wann ich welche genommen habe.

10. Das einzig Nervige an ihr ist bloß, dass sie behauptet, ich würde mich ständig wiederholen und andauernd vergessen, was ich eben gesagt habe. Ich bin doch nicht dement! Selbstverständlich weiß ich, dass am Wochenende die Kinder zu Besuch kommen. Hat sie eigentlich Kartoffeln deshalb eingekauft?

G. Die Frau der Wahl aus der Sicht von Männern mit 78 Jahren:

1. Wenn sie nicht wäre, wäre ich vielleicht schon tot. Frauen schicken Männer zu Vorsorgeuntersuchungen. Der Herzfehler wäre sonst nie entdeckt worden!
2. Hat sie Zwiebeln eingekauft? Wollten nicht die Kinder zu Besuch kommen? Aber brauchen wir eigentlich Zwiebeln im Seniorenheim? Wird nicht ohnehin für uns gekocht? Oder wo sind wir hier eigentlich gerade?
3. Trotz ihrer Falten ist sie immer noch so schön. Hab ich sie wirklich verdient? Ohne sie wäre ich nichts, einfach NICHTS.
4. Klasse Idee von meinem Schatz mit der Medikamentenbox! So vergesse ich die Pillen nie und weiß jeden Tag auch, wann ich welche genommen habe.
5. Hat sie Zwiebeln eingekauft? Die Kinder wollen am Wochenende zu Besuch kommen. Nein, Moment – das muss schon länger her sein. Im Seniorenheim müssen wir nicht selbst kochen.
6. Titten.
7. Titten.
8. Ein geiler Po.
9. Nein, Moment – das muss schon länger her sein!
10. Ich liebe sie unendlich! Wie immer sie auch heißen mag.

Wer zweimal mit der Gleichen pennt ...

Mit zu den schönsten Dingen, als Paar zu altern, gehört, dass sich gewisse Dinge einfach im Laufe der Zeit verlieren und wir nicht einmal bemerken, dass sie uns abhandenkamen. So, wie ich erst mehrere Jahre nach dem Verlust eines Knirps-Regenschirms feststellte, dass ich das Ding irgendwann verloren haben musste, bemerkte ich kürzlich, dass sich auch zwischen Alex und mir ein Verlust einstellte, den ich nicht beklage, sondern bejuble: Die sexuelle Eifersucht hat sich fast von alleine komplett eingestellt.

Das kann nun sehr viele Ursachen haben. Unsere »Umtriebe« haben selbstverständlich nachgelassen. Im Laufe der Jahre haben wir immer mehr Vertrauen zueinander aufbauen können und sind nicht mehr so unsicher wie mit Anfang 20. Wir haben jeweils neue Leidenschaften der geistigen Art entwickelt und wissen den jeweils anderen dort »gut aufgehoben«. Alex geht in Altpersisch auf, ich habe einen politischen Verein gegründet. Meine Freundin Kikki hat noch einmal Gitarre gelernt, ihr Mann schraubt an Radioapparaten herum und hilft in einem Altersheim. Eine Kollegin hat die Liebe zu Büchern entdeckt und ihr Ex seinen Geschäftssinn, mit dem er eine NGO unterstützt.

Wir sind nicht mehr so »hormongesteuert« wie jüngere Paare – wir haben den Kopf klarer und freier für andere Interessen. Wo ich vor 30 Jahren noch wie auf Kohlen daheimhockte und Angst hatte, aus dem Kneipenbesuch meines Mannes mit den Kollegen könnte sich eine neue Beziehung ergeben, freue ich mich heute darüber, wenn

Alex mit Kollegen abends ausgeht und ich meine Ruhe habe. Ja, ich ertappte mich sogar schon bei dem Gedanken: Wenn er wirklich eine Affäre hätte und ich wüsste nichts davon – so what?

Ist das nicht unglaublich? Dieses »Dann soll er doch«? Bedeutet das womöglich, dass uns nicht nur die Eifersucht, sondern auch die große Liebe abhandenkam, ohne dass ich es bemerkte? Was ist denn da los, wenn der Gedanke, dass der eigene Mann mit einer anderen schläft, nicht mehr so abgrundtief erschreckend ist?

Wir haben die Liebe auf eine andere Ebene gehievt, wie dies durch keine Verstandeskunst, sondern nur durch viele Jahre Zusammensein zu erreichen ist. Wir ahnen, wir spüren: Mir kann eigentlich nichts mehr passieren – auch wenn sich rundum immer wieder Paare trennen, weil er oder sie einen anderen hat. Wir haben Misstrauen durch Vertrauen ersetzt.

Alles paletti, alles wunderbar, Eifersucht weg, Leben nur noch schön?

Nein, nicht ganz, denn da ist plötzlich etwas anderes – die sexuelle Eifersucht wird zwar immer geringer, aber eine andere Hydra ist aufgetaucht: die Eifersucht auf die Leidenschaften und Hobbys des anderen. Muss Alex wirklich stundenlang dieses Linguistikbuch lesen? Könnte er mir stattdessen nicht aufmerksamer zuhören? Muss Kikkis Mann wirklich jeden Samstag zu diesem Oldtimertreffen gehen? Könnte er sie stattdessen nicht zum Essen ausführen? Muss mein Vater wirklich Notizen zu Bäumen machen, anstatt mit meiner Mutter ins Kino zu gehen?

Was liegt näher, als dieses Thema mit Kikki zu besprechen. Sie ist schließlich Psychologin und hat in ihrer Praxis auch schon mal einen schweren Fall von Eifersucht behandelt –

29

der Mann gab seinen Job auf, um seiner Frau ständig hinterherspionieren zu können, erzählte sie damals.

Kikki lacht, als sie meine Frage hört, und sagt: »Das ist alles wunderbar normal!«

»Du meinst, wir sind so stinknormale Durchschnittstypen?«

»Genau!«, grinst Kikki. »Genau deshalb haben wir auch unsere Partner, weil sie uns vermitteln, dass wir was Besonderes sind, unverwechselbar. Das ist übrigens auch das beste Mittel, Eifersucht zu verhindern. Wenn du Alex sagst, wie einzigartig er ist, wird er weniger Angst haben, dass du ihn verlässt, weil es ja so jemanden wie ihn kein zweites Mal gibt. Und so wird er selbstbewusster und weniger eifersüchtig sein.«

»Super Idee«, scherze ich. »Wenn ich das nächste Mal ein Wochenende ohne ihn wegwill und er deshalb nörgelt, werde ich das gleich testen!«

»Und eigentlich kannst du auch froh sein darüber, wenn Alex so leicht eifersüchtig auf deine eigenen Trips ist«, ergänzt Kikki.

Ich blicke sie fragend an.

»Ja, denn wenn er gar nicht mehr eifersüchtig wäre – ob jetzt auf andere Männer oder Dinge, die du unternimmst, das sind zwei Seiten der gleichen Medaille –, würde das heißen, dass die Liebe erkaltet ist.«

»Aber Liebe ist doch kein Besitzanspruch«, widerspreche ich.

»Besitzanspruch ist der falsche Begriff. *Old style* würde deine Eva dazu sagen. Das kommt noch aus der Studentenbewegung der Siebzigerjahre, die die Kleinfamilie zerlegen wollte und bei der Sexualität ansetzte. Keiner und keine sollte nur einen Partner haben. Kennst du das noch? ›Wer zweimal mit der Gleichen pennt, gehört schon zum

Establishment‹ und ›Treue ist, wenn man sich nicht traut‹.«

Kikki ist nicht nur Psychologin, sie kommt auch bei privaten Themen gerne auf die gesellschaftspolitischen Hintergründe zu sprechen.

»Die Eifersucht hat bei diesem Lebenskonzept der Siebziger nur gestört«, führt sie weiter aus. »Und deshalb wurde sie als soziales Konstrukt angesehen. Also etwas, das man einfach so ablegen kann. Dabei ist sie ein ganz normales Gefühl und gehört einfach bis zu einem gewissen Grad dazu, wenn man sich liebt.«

Kikki überlegt kurz. »Sogar bei den Vorzeigebeziehungen jener Zeit hat das nicht funktioniert ohne Eifersucht. Schau dir mal die Briefe an, die Simone de Beauvoir an Sartre geschrieben hat. Die sind voller Eifersucht und Vorwürfe! Es ist wie bei allen Gefühlen, die man sich verbieten will – sie kehren dann umso vehementer zurück.«

Kikki hat mal wieder recht.

Als ich von ihr heim zu Alex komme, erkläre ich ihm, wie besonders er doch sei. Wer sonst auf der Welt würde schon so viele seltsame Bücher über Linguistik lesen! Alex sieht mich irritiert an.

»Hast du einen anderen oder eine Affäre?«, fragt er.

»Wie kommst du denn darauf?«, entgegne ich.

»Na ja, weil du betonst, wie einzigartig ich sei«, antwortet Alex.

»Und warum soll ich deshalb eine Affäre haben?«, frage ich nach.

»Na ja, das machen doch alle so, die ich kenne, mich … nein, mich natürlich *nicht* eingeschlossen. Denn wozu sollte ich fremdgehen? Ich habe doch die wunderbarste, schönste, beste und ultrabesonderste Frau auf der Welt!«

Schuft! Er will mich doch bloß eifersüchtig machen!

Bedienungsanleitung für eine Ehefrau

1. Vermeiden Sie in der Anwesenheit Ihrer Frau zu rülpsen, zu furzen und mit vollem Mund zu sprechen.

2. Sprechen Sie mit ihr, und sprechen Sie stets in ganzen Sätzen mit ihr. Brummen Sie nicht »Müll!«, sondern formulieren Sie: »Liebling, ich bring gleich den Müll weg, willst du noch schnell etwas entsorgen, damit die neue Tüte nicht gleich wieder so voll wird?«

3. Gehen Sie davon aus, dass in Ihrer Frau wie in jeder anderen auch ein Dr. Jekyll und ein Mr. Hyde stecken – und seien Sie beruhigt, dass dies nur auf den kleinen Ausschnitt des Essverhaltens zutrifft. Tagsüber wird die Frau Kalorien zählen, Bio-Lebensmittel einkaufen und auf vitaminreiche Ernährung der Familie achten. Nachts zwischen zwei und fünf Uhr treten aber oftmals völlig unkontrollierbare Verwandlungen ein. Ihre Frau vertilgt die fetthaltigste Wurst des Kühlschranks, vergreift sich an den Schokoladenvorräten oder eliminiert die XXL-Packung der Paprikachips. Die Ursache dafür ist ganz harmlos und wird von Forschern mit einer Anomalie der doppelten X-Gene gerade zu entschlüsseln versucht. Bleiben Sie ruhig und bekommen Sie keine Angst! Nur in den seltensten Fällen (wirklich die absolute Ausnahme!) vergreift sich Ihre Frau in diesem Zustand an Ihrem Bier!

4. Fragen Sie Ihre Frau niemals: »Kann ich dir was im Haushalt *helfen?*«, sondern formulieren Sie analog zur gendergerechten Sprache partnersensibel: »Da steht eine Menge Hausarbeit an. Wie teilen wir sie uns fair auf? Wer macht was? Ich würde niemals wie andere fragen, ob ich dir etwas helfen kann, denn das würde ja voraussetzen, dass du alleine für die reproduktive Arbeit zuständig bist und ich nur einen freiwilligen Part dazu beitrage.«

5. Vermeiden Sie Stereotypien in der Wortwahl wie: »Immer Sex mit der gleichen Frau ist ähnlich wie täglich Sauerbraten essen. Ist zwar mein Lieblingsgericht, aber wenn man es täglich serviert bekommt, kann man es eine Tages einfach nicht mehr sehen.«

6. Äußern Sie täglich den Wunsch, etwas von den wahren Gefühlen Ihrer Partnerin zu erfahren. »Schatz, wie fühlst du dich? Wie war dein Tag? Bist du glücklich? Machst du dir Sorgen? Was geht in dir vor?« Schieben Sie alle Skrupel beiseite, die Sie wegen dieser Fragen vielleicht in sich tragen, weil Sie die Antworten in Wahrheit nicht die Bohne interessieren. Ihre Frau erwartet nicht von Ihnen, dass Sie etwas für sie lösen sollten, im Gegenteil – sie möchte nur über ihre inneren Vorgänge sprechen und sich von Ihnen verstanden wissen, ohne irgendwelche Handlungsratschläge zu den Emotionen zu erhalten. Auch wenn Sie vermutlich überhaupt nicht begreifen, über was Ihre Frau spricht – denn es handelt sich ja um Emotionen –, nicken Sie während der Unterhaltung häufig und bemerken Sie in regelmäßigen Abständen: »Ja, ich versteh dich gut!«

7. Suchen Sie niemals die Nähe Ihrer Frau, wenn sie sich morgens im Badezimmer einschließt. Nein, sie guckt keine Pornos mit Männern, die über wesentlich längere Gliedmaßen als Sie verfügen. Sie will sich nur unbeobachtet von »jedermann« (also leider auch Ihnen) aufhübschen. Verzichten Sie auf den Impuls, ausgerechnet bei der Morgentoilette der Ehefrau die Haushaltsmisere, Ihren Ärger im Büro oder die mögliche Absage eines Verwandtenbesuchs ansprechen zu wollen. Jedes Ihrer Anliegen steht von vorneherein unter einem schlechten Stern und wird im Zweifel extrem missmutig abgelehnt, wenn Sie Ihre Frau in dieser heiligen Zeit stören. Trösten Sie sich gegebenenfalls über die zeitliche Verzögerung mit dem Gedanken, dass Ihre Frau sich pflegt und verschönert. Der daraus resultierende Genuss kommt auch Ihnen zugute!

8. Akzeptieren Sie ohne Nachdenken, ohne Nachfrage, ohne jegliches philosophisches In-Zweifel-Ziehen ganz schlicht die Tatsache, dass Frauen nicht einfach eine Tasche, Sandalen und Winterschuhe, einen Ring, eine Packung Servietten sowie einen passablen Haarschnitt brauchen – an den Themen Handtaschen, Schuhe, Schmuck, Wohnungsdeko und Friseur sind schon die liebevollst gestarteten Ehen gescheitert. Vergleichen Sie die unterschiedliche Weltsicht von Mann und Frau zu diesen Themen mit einem Sportbereich Ihrer Wahl. Also stellen Sie sich beispielsweise vor, Sie leben als Bayern-Fan mit einem BVB-Anhänger zusammen in einer WG. Ein harmonisches Miteinander wird nur gelingen, wenn das Thema Fußball komplett ausgespart wird. Analog dazu verhält es sich mit den oben erwähnten Themenkomplexen im Zusammenleben mit Ihrer Frau.

9. Machen Sie täglich Gehirnjogging. Lösen Sie Sudokus, lernen Sie fremde Sprachen oder arbeiten Sie sich notfalls an schnöden Kreuzworträtseln ab. Ihre Frau wird im Laufe der Jahre geistig so fit wie eine 20-Jährige bleiben, Sie aber werden beständig in puncto Geschwindigkeit und Flexibilität abbauen. Je mehr Sie diese Tatsache bedauern, desto mehr werden Sie im Jammerzustand verharren und nichts daran ändern können. Stellen Sie sich also einfach auf dieses Faktum ein und trainieren Sie schon rechtzeitig nicht nur Ihren Körper, sondern auch Ihr Hirn, um die Verkalkung erst gar nicht im wahren Ausmaß zum Tragen kommen zu lassen.

10. Bewundern Sie Ihre Frau regelmäßig für ihre Schönheit, ihre Sozialkompetenz und ihr unglaublich breit gestreutes Vermögen, so viel unter einen Hut zu kriegen: Job, Kinder, Karriere, Haushalt, alternde Eltern und den ganzen Alltagswahnsinn von Steuererklärungen bis hin zu Ihnen, also das Leben mit einem Mann.

Bedienungsanleitung für einen Ehemann

1. Bewundern Sie ihn – wahlweise wegen seines Einkommens, seiner Potenz oder seines unglaublichen Sachverstandes in diversen Bereichen.

2. Bewundern Sie ihn – wahlweise wegen seines Einkommens, seiner Potenz oder seines unglaublichen Sachverstandes in diversen Bereichen.

3. Bewundern Sie ihn – wahlweise wegen seines Einkommens, seiner Potenz oder seines unglaublichen Sachverstandes in diversen Bereichen.

4. Bewundern Sie ihn – wahlweise wegen seines Einkommens, seiner Potenz oder seines unglaublichen Sachverstandes in diversen Bereichen.

5. Bewundern Sie ihn – wahlweise wegen seines Einkommens, seiner Potenz oder seines unglaublichen Sachverstandes in diversen Bereichen.

6. Bewundern Sie ihn – wahlweise wegen seines Einkommens, seiner Potenz oder seines unglaublichen Sachverstandes in diversen Bereichen.

7. Bewundern Sie ihn – wahlweise wegen seines Einkommens, seiner Potenz oder seines unglaublichen Sachverstandes in diversen Bereichen.

8. Bewundern Sie ihn – wahlweise wegen seines Einkommens, seiner Potenz oder seines unglaublichen Sachverstandes in diversen Bereichen.

9. Bewundern Sie ihn – wahlweise wegen seines Einkommens, seiner Potenz oder seines unglaublichen Sachverstandes in diversen Bereichen.

10. Bewundern Sie ihn – wahlweise wegen seines Einkommens, seiner Potenz oder seines unglaublichen Sachverstandes in diversen Bereichen.

Wir schenken uns nichts

Mit Geschenken ist das so eine Sache – entweder man liebt es, zu schenken und beschenkt zu werden, oder man hegt eine abgrundtiefe Abneigung dagegen. Eine meiner Freundinnen fängt schon im Februar an, Weihnachtsgeschenke für alle möglichen Verwandten, Freunde und Kollegen zusammenzutragen. Eine andere wiederum erklärt stolz, in ihrer »Mittelalters-WG« käme wirklich jeder Cent in einen Spendentopf und würde nicht für Dinge ausgegeben, die ohnehin niemand braucht.

Bei den meisten Paaren in meiner Umgebung beschenken sich seit einiger Zeit die Partner allenfalls noch zum Geburtstag, vielleicht sogar noch zum Hochzeitstag. Aber unterm Christbaum stehen – vor allem wenn die Kinder groß sind – höchstens noch symbolische Päckchen, denn: »Wir schenken uns nichts«.

Den wenigsten ist dabei bewusst, was sie da eigentlich sagen. »Wir schenken uns nichts« kann nämlich rein sprachlich auch ganz anders verstanden werden, in dem Sinne: »Wir lassen am anderen kein gutes Haar mehr« oder »Wir machen einander das Leben zur Hölle« oder »Dem lege ich so viele Steine in den Weg, wie es nur geht«.

Den Trend hat nun sogar der Handel aufgenommen: Es gibt allerlei Blechdosen, Schachteln oder Säckchen, auf denen steht »Nichts« oder »Nix« – gedacht für alle Leute, die den Wunsch geäußert haben, sie wollten nichts geschenkt kriegen.

So eine Dose wird mein Mann demnächst bekommen – und dann werden wir mal sehen! Denn mit den Geschenken ist das bei uns so eine ganz spezielle Sache: Ich komme aus einer Familie, in der sogar der Namenstag noch gefeiert und man selbstverständlich dazu beschenkt wird. In der Familie meines Mannes wurden die Kinder ab einem bestimmten Alter nur noch mit einem Geldschein beschenkt – und der kam nicht einmal in ein Kuvert, sondern wurde einfach schnöde in die Hand gedrückt. Weihnachten läuft heute in meiner Schwiegerfamilie so ab, dass einfach unverpackte Lebensmittel, die man ohnehin gebraucht hätte, übergeben werden. Sie können sich vermutlich ausmalen, dass hier zwei Traditionen – ach, was sag ich! Es sind Welten! – aufeinanderprallen!

Folgerichtig ist es auch mein Mann, der eines Tages vor Gästen verkündet: Wir schenken uns jetzt auch nichts mehr.

Was? Wie bitte? Hat er eine Zweitfrau, von der ich nichts weiß? Wen meint er? Mich oder die Eltern oder die Kinder? Oder hab ich Alzheimer und weiß nicht mehr, dass wir so etwas besprochen haben?

Doch. Er meint mich. Denn kurz darauf erzählt er den Gästen, wie erleichternd das nun für ihn sei. Früher sei er oft stundenlang in der Stadt unterwegs gewesen, um meinen Geschmack haargenau zu treffen. Er blickt zu mir. Ich hätte das ja vermutlich schon längst vergessen. Aber wie ein Christkindl hätte ich mich über ein Parfum, einen Notizblock oder diesen Klunkerring gefreut. Was habe er sich da schon ins Zeug gelegt für mich.

Nichts, aber auch gar nichts, habe ich vergessen. Das Parfum, von dem er spricht, war eine billige Notlösung, als er am 23.12. um 18 Uhr aufgebrochen war, um schnell noch Geschenke zu besorgen (und damals hatten die Läden nur bis 18.30 Uhr auf!). Ich habe mich damals weder über den billigen Duft noch über den Notizblock für 50 Pfennige (wo ich seit Kindesbeinen so auf exquisite Schreibwaren stehe), noch – bei meiner Nickelallergie – über einen Klunkerring gefreut. Ich machte nur gute Miene zum bösen Spiel, das da hieß: Mein Mann versteht nicht einmal die Basics des Schenkens.

Es kommt ja bei Geschenken nicht zuerst auf das Geschenk an sich an, sondern auf das Bemühen um den anderen. So habe ich schon einmal zwei Wochen lang im Internet und in drei verschiedenen Fußgängerzonen nach Ratespielen gesucht – denn die liebt mein Mann. Meine Tochter Eva hat mir einmal zum Geburtstag ein Armband geschenkt, das wohl über 20 Euro kostete. Obwohl es mir nicht recht ist, wenn mein Mädchen – damals 14 Jahre alt – so viel Geld für mich ausgibt, habe ich mich doch riesig gefreut (und ich hoffte heimlich, dass Alex ihr diesen Betrag wieder zugesteckt hat). Lukas hat mir mal ein Bild zu Weihnachten gemalt, obwohl er Zeichnungen aller Art hasst. Er muss Stunden, wenn nicht Tage darüber gesessen haben. Ich konnte mich nicht sattsehen daran – taumelnd vor Freude über die Mühe, die sich mein Sohn gemacht hatte. Monatelang bewunderte ich die Details des Bildes wie eine Kaffeetasse (weil ich so viel Kaffee trinke), einen Esel (weil ich in seinen Augen so geduldig bin), einen Baum (weil ich meinem Sohn Wurzeln schenkte), eine Spielekonsole (weil ich aus seiner Sicht so locker bin) und ein rotes Herz inmitten der Schneeflocken, das wohl keiner Interpretation bedarf. Da ging mir mein eigenes Herz über, auch wenn Eva schwesterlich-böse von Lukas' Bild behauptete, er hätte das einfach schnell mal so hingekritzelt mit Gegenständen, die gerade in der Umgebung lagen. Pff! Von wegen! So eine ausgeklügelte Komposition muss viel Zeit gekostet haben, da bin ich mir ganz sicher! Ewigkeiten hat er gebraucht, um die Liebe zu seiner Mutter auszudrücken!

Mein Mann hingegen erzählt nun etwas von einer Absprache, die er nur geträumt haben kann (nett formuliert), und legt dann auch noch nach und gibt seinem völlig mangelhaften Geschenkverhalten einen ideologischen Überbau. Weihnachten als »Fest der Liebe« sei doch ein Witz, es ginge doch nur um Geschäftemacherei. Ein noch viel besseres Beispiel für den ausufernden Kapitalismus sei der Valentinstag, eine aus den USA herübergeschwappte kommerzielle Welle. Davon halte er ja rein gar nichts. Wer bei diesem Treiben mitmache, sei einfach stumpfsinnig und völlig verblödet auf eine Industrie hereingefallen. Alles diene nur dazu, einem das hart verdiente Geld wieder aus der Tasche zu ziehen, um das elendige Hamsterrad von Maloche und Konsum weiter in Betrieb zu halten.

Aha. »Stumpfsinnig und völlig verblödet« bin ich also, weil ich Geschenke so liebe. Zwar halte auch ich nichts vom Valentinstag. »Warum eigentlich?«, frage ich mich plötzlich, während mein Mann und der Gatte meiner Freundin Kikki sich bei noch einem Glas Wein weiter in Kapitalismuskritik ergehen.

Weil mein Mann es nicht schafft, seine Aufmerksamkeit auf mich zu lenken, sich um mich zu bemühen, sich in mich hineinzuversetzen, um ein gutes Geschenk für mich zu suchen, bin ich also ein Dummchen, das den Kapitalismus nicht durchblickt. Geht's noch? Mag ja sein, dass mit Geschenken auch Geschäfte gemacht werden. Aber warum trifft diese Weisheit dann nicht auf Fahrräder für 2000 Euro, neue Computerprogramme oder C&A-Gürtel zu, die mein Mann im Zehnerpack kauft, damit er den Gürtel nicht mit jeder Hose wechseln muss?

Seit diesen 32 Jahren, die wir zusammen sind, waren Weihnachten, mein Geburtstag und der Beziehungstag immer so eine Art Lackmustest. Hat er sich wirklich bemüht? Was bin ich ihm wert? Wie sehr liebt er mich?

Das ist natürlich albern, das weiß ich auch. Ich messe meinen Mann doch nicht bloß an seiner Gabe, mir etwas zu schenken. Und er hat auch recht, dass jede Stunde im Alltag wichtiger ist als so ein Glitzerpäckchen zu einem besonderen Anlass.

Trotzdem. Dass er das Schenken ohne jegliche Rücksprache mit mir jetzt komplett abgeschafft hat, das geht einfach entschieden zu weit. Das ist respektlos, ja, respektlos! Weil er einfach über meinen Kopf hinweg etwas beschlossen hat, was mich doch mehr ins Mark trifft, als mir lieb ist.

Und nun?

Soll ich wirklich bei einem Mann bleiben, der mir noch nie etwas wirklich Tolles geschenkt und nun auch das Schenken an sich einfach so abgeschafft hat? Wäre nicht der Martin aus der 1b doch die bessere Wahl für mein Leben gewesen? Werden unsere Kinder ein Leben lang unter der Unfähigkeit eines »Gebens und Nehmens« leiden, weil ihr Vater es ihnen in seiner Unfähigkeit vormacht? Aber ich kann doch wiederum meinen Mann nicht bloß deshalb verlassen, weil er an einem Winterabend bei einem Glas Wein vor Gästen ankündigte, dass wir uns nichts mehr schenken.

Als vernunftgeübte Ü-40-Frau entscheide ich mich dagegen, jetzt sofort meinem Mann einen symbolischen Koffer vor die Tür zu stellen, sondern erst noch mal eine Nacht darüber zu schlafen und dann zu entscheiden, wie ich dieses Verhalten bewerten und welche Konsequenzen ich daraus ziehen soll.

Auch fünf Tage danach fehlen mir noch die wahre Einsicht und die Entschlusskraft zur Causa. Nachts träume ich von einer Lottofee, die mich zu sich winkt und mir eine Trommel zeigt, in der verschiedene Los-Zettel liegen. Was will mir dieser Traum sagen?

Auch zwei Wochen später, kurz vor Weihnachten, bin ich noch nicht schlauer. Soll ich jetzt für diesen Idioten wirklich ewig im Internet surfen und Läden durchforsten wie damals für das Ratespiel, nur damit er hinterher sagen kann, er hätte sich eh nichts gewünscht und Geschenke seien eine Ausgeburt des Kapitalismus? Oder soll ich ihm mal wirklich gar nichts oder diese Nix-Box schenken? Aber ist dieser Mann überhaupt noch solche Überlegungen wert?

Es hilft alles nichts, frau kann nicht alles mit sich alleine ausmachen – ich beschließe, mit Alex darüber zu sprechen. Im äußersten Notfall hilft manchmal nur die Wahrheit. Ich muss ihm ruhig und pädagogisch wertvoll erklären, dass unsere Meinungen zu Geschenken ja höchst unterschiedlich seien, er mich mit seinem neulich verkündeten Beschluss aus heiterem Himmel verdammt verletzt hätte, wir nun einen Ausweg aus dieser Misere brauchten und zusammen einen fairen Kompromiss finden sollten.

Doch kaum setze ich zu dem unangenehmen Thema an, habe ich plötzlich einen Geistesblitz – das ist die Idee schlechthin! Ich schlage ihn mit seiner eigenen Leidenschaft.

Ganz sachlich erkläre ich Alex: »Um noch mal auf das Thema von neulich zu kommen … Ich finde, wir sollten nicht einfach mit dem Schenken aufhören. Zu Geschenken gibt es alle möglichen Ansichten, nicht bloß deine und die Kapitalismuskritik. Ich meine, wir sollten das offener handhaben, nicht so eng wie die anderen nach einem bestimmten Schema.«

»Was meinst du?« Alex sieht mich mit großen Augen an.

»Ich hab mal alles Mögliche aufgeschrieben, was es so an Sprüchen zum Thema Geschenke gibt. Die übertragen wir auf kleine Zettel – und dann ziehen wir immer vor einem Event, also vor einem Geburtstag oder vor Weihnachten, ein Los und halten uns an dieses Motto. Jeder schenkt nach dem entsprechenden Spruch. Das ist dann eine Art Ratespiel – auf höchstem Niveau.«

Als Alex den Begriff »Ratespiel« hört, strahlen seine Augen. »Ich weiß zwar immer noch nicht genau, was du meinst, aber das klingt extrem spannend.« Er küsst mich überschwänglich. »Schatz, du bist großartig! Was dir alles einfällt!«

Eigentlich ist es ja mehr eine Art »Mottospiel«, aber unter anderem Namen kann ich meinen Mann dafür einfach viel mehr begeistern. (Denken Sie bisweilen an kleine verbale Umetikettierungen, wenn Sie Ziele erreichen wollen!)

Alex' Euphorie hält sogar noch an, als er die einzelnen »Loszettel« liest:

• So einen Menschen nähme ich nicht mal geschenkt.
• Kleine Geschenke erhalten die Freundschaft.
• Man bekommt nichts im Leben geschenkt.
• Das Herz verschenken.
• Gehör, Aufmerksamkeit und Vertrauen schenken.
• Einem geschenkten Gaul schaut man nicht ins Maul.
• Sie schenken sich nichts.
• Sie schenken sich reinen Wein ein.
• Das ist ja geschenkt.

»Hä«?, fragt Alex. »Was soll ich denn da raten?«

»Na, du musst einfach erraten, was mit dem Satz gemeint ist. Du musst den Spruch interpretieren, ihn als Motto nehmen und gemäß diesem schenken.«

»Ah!«, grinst Alex. »Das ist gut!«

Was ich Alex nicht sage – ein paar Sprüche habe ich unterschlagen, nämlich solche wie: »Was man kauft, bekommt man billiger als ein Geschenk« oder »Wer ein Rind geschenkt bekommt, muss ein Pferd zurückgeben«. Aber die Frage ist ja, ob das überhaupt funktioniert. Lässt sich mein Mann wirklich auf so etwas ein?

Der nächste Event ist Weihnachten. Ich habe zuvor das Los gezogen: »Sie schenken sich nichts.« Er kriegt die Nix-Box. Heiligabend, als er sie auspackt, grinst Alex und meint, er könne sich nun den Kalauer nicht sparen: »Nix in der Dose, alles in der Hose«.

Alex' Los zu Weihnachten war schwieriger, wie er mir später gesteht. Er hatte zuvor gezogen: »Den nähme ich nicht mal geschenkt«.

Das hat Alex so interpretiert: Unter dem Christbaum liegen zehn wohlausgewählte Gegenstände und eine Karte, auf der steht, wie sehr er mich liebt und wie sehr er mich davon überzeugen möchte, ihn unbedingt auch weiter haben zu wollen. Unter den Päckchen sind mein Lieblingsparfum, ein Gutschein für den besten Schuhladen der Stadt, eine ganz besondere Kaffeesorte, ein eleganter Edel-Füller und eine klitzekleine Tempopackung, wie ich sie neulich bei einer Frau sah und dabei lautstark bewundernd sagte, wie genial so was doch für die Handtasche wäre.

Ich bin völlig baff, verdattert – und beschämt.

»Den nähme ich nicht mal geschenkt«, erklärt Alex, »hab ich so verstanden, dass ich mich anstrengen sollte beim Schenken, damit du nicht eines Tages über mich sagst: ›Den nähme ich nicht mal geschenkt.‹«

Wow! Was für eine Mühe liegt in der Liebeserklärung, die sich mein Mann gemacht hat. Und ich habe ihm bloß

45

eine schnöde Nix-Box geschenkt! Wir sollten das alles, also dieses ganze Verfahren, noch mal dringend überdenken. Denn das setzt mich jetzt so unter Zugzwang, dass befreites Schenken gar nicht mehr möglich ist! Wir sind doch alle so was von im Kapitalismus mit seinen Hamsterrädern drin, dass wir gar nicht mehr einen Schritt heraustreten und begreifen können, wie gefangen wir im System sind!

Ist das Liebe oder kann das weg?

Peter und Laura sind Freunde aus Studententagen. Na ja, Freunde ist vielleicht übertrieben, mittlerweile zählen sie wohl eher zu den Bekannten, denn wir treffen sie fast nur noch zu offiziellen Anlässen, genauer zu Vernissagen oder »Events«. Denn Peter ist Kunstmaler und lädt uns regelmäßig zu seinen Kunstaktionen oder Ausstellungseröffnungen ein.

Mein Mann Alex und Peter haben sich im ersten Semester ihres Architekturstudiums kennengelernt, bei einer Vorlesung des legendären Professors mit Designgrundsätzen (siehe auch: »Schön oder praktisch?«). Peter studierte damals aus Verlegenheit Architektur, bis er endlich nach acht Semestern Bewerbungsmarathon von der Kunstakademie aufgenommen wurde. Peter und ich haben übrigens ein kleines Geheimnis, wie so viele nicht gleichgeschlechtliche Freunde aus der faltenlosen Studentenvorzeit. Peter hat mich mal angebaggert, obwohl er damals schon mit Laura zusammen war und ich mit Alex. Das kommt in den besten Freundschaften vor, weshalb ich Peter auch nicht böse bin. Sauer bin ich eher auf mich, die ich den Spruch »Du wärest ein ideales Aktmodell, dein Gesicht und dein Körper sind so interessant« nicht als Vorwand verstanden, sondern die Aussage für bare Münze genommen hatte. Aber gut, ich war Anfang 20 und naiv.

Heute wäre ich zu gerne wieder Anfang 20, naiv und faltenlos, aber es taucht kein Mann mehr mit einem Vorwand auf. Nicht einmal mit einem Hauch von Vorwand. Ganz im Gegenteil. Mittlerweile ist es mir schon zweimal passiert, dass mir ein junger Kerl im Bus seinen Platz angeboten hat. Und keiner von den beiden hielt es für nötig zu behaupten, er würde ohnehin lieber stehen oder hätte Hüftprobleme beim Sitzen. Nein, diese Kerle boten mir mit einem unverhohlenen Blick nach dem Motto »Die könnte meine Mutter sein« ganz unverblümt die Sitzgelegenheit an. Aber das ist wiederum eine andere Geschichte, ebenso wie die, warum ich Alex oder gar Laura nie davon erzählt habe, dass Peter mich damals gerne ins Bett verführt hätte – warum sollte ich das heute noch sagen? Laura würde es nur unnötig verletzen, Alex auf Distanz zu Peter bringen und mich selbst womöglich in eine tiefe Depression stürzen, weil meine damaligen Kurven komplett verschwunden oder der Schwerkraft gefolgt sind, obwohl sie damals noch eine ungeheure Kraft entfalteten – meinem Aktbild war es letztlich mit zu verdanken, dass Peter von der Kunstakademie angenommen wurde.

Laura studierte damals schon Malerei, und beide heirateten noch während des Studiums, was Alex und mir damals unverständlich war. Warum braucht man einen Trauschein? Machen die das wegen der spießigen Eltern? Wie wollen die jemals wirklich Kunst schaffen können, wenn sie so kleinbürgerlich eine Zweierbeziehung zementieren?

Umgekehrt beneideten wir die beiden aber auch heimlich, denn sie riskierten etwas, das wir uns nicht trauten. Alex studierte Architektur, um später auch einen Brotberuf zu haben; ich studierte zwar das nichtsnutzige Fach Theaterwissenschaften, hatte aber schon eine journalistische Ausbildung und ging davon aus, später wieder in diesem Beruf zu arbeiten, nur eben eine Etage höher.

Peter und Laura hingegen setzten alles auf die Kunst – und wir bewunderten sie dafür. Später würden wir vielleicht einmal ihre Werke im Museum of Modern Art in New York sehen, während Alex nur auf einen Hochhausbau und ich nur auf Zeitungspapier, das übermorgen schon zum Fensterputzen verwendet werden würde, verweisen könnten. An ein künstlerisches Scheitern dachte damals niemand. Und auch die Frage aller Elternfragen – »Kind, musst du uns das antun, haben wir dich wirklich dafür Abitur machen lassen?« – wurde im Gegensatz zu den Schriften von Marx, den Ideen der neu gegründeten grünen Partei und den besten Routen für Tramper niemals diskutiert.

Einerseits bewunderten Alex und ich den Mut zu diesem radikalen künstlerischen Schritt, andererseits tauchte aber damals schon trotz der Tabuisierung diese kleine, fiese Elternstimme im Hinterkopf auf: »Von was wollen die mal leben, falls das alles nicht so klappt?« Es soll ja auch Künstler geben, die am Hungertuch nagen. Aber nein, so etwas durfte ich doch gar nicht denken, wie kleinkariert war das denn, eine »Karriere« oder gar »Familienversorgung« im Kopf zu haben? Also schob ich diese Überlegungen schnell wieder zur Seite.

Und trotzdem – ich gebe es heute noch ungern zu – war mir Alex neben vielen anderen Gründen, wie dass ich ihn liebte, auch deshalb näher, weil ich in ihm doch (ganz, ganz, ganz heimlich!) auch einen potenziellen »Familienernährer« gesehen habe. Bis heute, genauer vorgestern, habe ich das auf mein bürgerliches Sicherheitsbedürfnis geschoben und nie darüber gesprochen. Ich habe mich doch nicht mit einem Mann liiert, bloß weil er vielleicht später mal einen gut dotierten Job hat und die Kohle ranschafft? Nein, das wäre komplett unter meiner weiblichen Ehre gewesen. Wirklich. Das meine ich auch heute noch ganz ernst, weil ich tatsächlich nie auf einen Versorger gesetzt habe. Aber seit vorgestern weiß ich nun, was eigentlich dahintersteckt.

Bis zur Geburt des ersten Kindes lebten Alex und ich –
nach meiner damaligen Betrachtungsweise – unspießiger
zusammen als Laura und Peter. Die beiden waren erstens
verheiratet und führten zweitens ein gemeinsames Konto,
während Alex und ich getrennte Kassen hatten und ein
gerecht hälftig aufgeteiltes gemeinsames Budget für den
Haushalt. Ähnlich zwischen uns Paaren waren jedoch die
Lebensentwürfe, nämlich künstlerische Ambitionen mit
einem Brotjob zu verbinden. Alex nahm eine Stelle im
Architekturbüro als Bauleiter an und zeichnete am Feierabend Karikaturen. Peter malte in einem Atelier und leite-
te zugleich kreative Workshops in Unternehmen. Laura
studierte noch einmal – auf Lehramt am Gymnasium. Und
ich schrieb einerseits Theaterstücke und nahm zugleich
einen Job als feste Freie bei einer Tageszeitung an.

Und dann kamen die Kinder. Keiner konnte mehr so
einfach tun und lassen, was er oder sie wollte. Jede Arbeit,
jede Karikatur und jede Erzählung mussten dem Familien-
alltag abgetrotzt werden. Denn wer arbeitete oder der
Kunst nachging, konnte nicht auf die Kinder aufpassen.
Wer zeichnete, konnte nicht die Wäsche waschen. Und
wer die Spülmaschine einräumte, konnte währenddessen
kein Drama schreiben. Zwischen Alex und mir gab es tägliche »Verhandlungen« dazu – vulgo: brutale Streitereien.
Was mich heute noch daran wundert: Wir haben das überlebt, ohne jeglichen Mordversuch am anderen!

Ein wenig leichter wurden diese täglichen »Verhandlungen«, nachdem wir beschlossen hatten, dass wir es nun
einfach bis zum Kindergartenalter der Kids ganz »klas-
sisch« machen: Alex verdient die Kohle, ich kümmere mich
um die Kinder. Den Haushalt teilen wir uns. Das führte
zwar dazu, dass keiner von uns beiden damals mehr seinen
künstlerischen Ambitionen nachgehen konnte, aber es

rettete unsere Beziehung, aus der mittlerweile auch eine Ehe geworden war.

Nachdem die Kids in den Kindergarten kamen, mischten wir die Karten noch einmal neu, denn ich vermisste meinen Job so sehr und fühlte mich extrem unwohl damit, von Alex finanziell abhängig zu sein. Nein, kein einziges Mal fiel der Satz: »Du gibst *mein hart verdientes* Geld aus«, aber ich gab überhaupt so wenig Geld für mich aus wie noch nie zuvor in meinem Leben, denn irgendwie war das immer noch »Alex' Geld«.

Ein Ringen um Haushalt, Teilzeitstellen und Kinderbetreuungszeiten begann – und endete erst kürzlich, da beide Kinder nun schon groß und selbstständig sind. Zwischenzeitlich sind sogar wahre Wunder geschehen, die ich im allgemeinen Familientrubel erst gar nicht so richtig wahrgenommen habe. Anno 2003 fragte mich Alex völlig unverhofft: »Soll ich dir mehr im Haushalt abnehmen? Ich meine, du arbeitest jetzt ja auch viel mehr.« Und so um 2009 muss es gewesen sein, als Alex verkündete: »Ab sofort räume ich die Spülmaschine ein, im Büro ist gerade Flaute.« Gut, die Wunder hielten sich in Grenzen, weil auf die Ankündigung dann doch keine Handlungen folgten. Aber das liegt einfach in der männlichen Natur, da will ich nicht kleinlich sein. Alleine so eine aus freien Stücken erfolgende Ankündigung ist schon ein Mirakel an sich.

Was nun während dieser Zeit, als die Kinder klein waren, bei Peter und Laura abgegangen ist, weiß ich nicht so genau, denn wir hatten uns mehr oder weniger aus den Augen verloren. Nur ab und zu wechselten wir Mails oder sahen uns bei Vernissagen von Peter *oder* Laura, obwohl beide zusammen vier (!) Kinder bekommen hatten. Alex ließ sich deshalb zu dem blöden Kalauer hinreißen: »Früh heiratet, wer sich kräftig vermehren will.« Diese Bemerkung verschwieg ich übrigens Peter und Laura ebenso wie die Aktgeschichte seinerzeit zwischen mir und Peter.

So am Rande bekam ich aber mit, dass Laura mittlerweile als Gymnasiallehrerin arbeitete. So ließen sich für mich auch die vier Kinder erklären – klar, mit einem festen Beamtengehalt ist das machbar. Unsereiner hat hingegen viel zu wenig Sicherheiten, um noch einem weiteren Kind das teure Leben in München zu ermöglichen, dachte ich damals. Alex traf auch einmal im Laufe der Zeit auf Peter, als dieser die Kinder gerade in die Kita brachte und Peter bei der Begegnung darüber stöhnte, dass die Waschmaschine gerade den Geist aufgegeben hätte. Klar, so musste das bei denen funktionieren: Laura verdiente die Kohle, und Peter kümmerte sich um den Haushalt und die Kinder. Beneidenswert! Und zugleich konnte Peter Erziehung und Haushalt noch bedeutend besser handeln als ich oder wir, denn immer wieder kamen diese Einladungen zu Vernissagen und Kunstaktionen, er arbeitete also auch noch dazu als Künstler! Wow! Mit vier Kindern. Also, ich hätte das nicht geschafft.

Vor zwei Wochen war aber vermutlich die vorerst letzte Vernissage von Peter und Laura, angekündigt als »Ist das Liebe oder kann das weg? Einladung zur Ausstellungseröffnung und Aktion«.

Rund 50 Leute waren in der Galerie versammelt. Frauen und Männer, meist Paare in unserem Alter, die im Biomarkt einkaufen und sich darüber unterhalten, was die »Kinder« nun wohl bald studieren werden. Man prostet sich bei einem Glas Champagner zu und fachsimpelt über Kunsttheorien, über die man vor 30 Jahren einmal etwas gelesen hat.

Nicht dass ich bei diesem Small Talk nicht mitmachen

würde – aber diese Einheitlichkeit, dieses Vorhersehbare, dieses Absehbare aller Gespräche langweilte mich, gelinde gesagt. Ich stand in dieser Gruppe und sah heimlich auf das Smartphone, um anhand der Uhrzeit abzulesen, wie lange ich hier noch verharren musste, ohne zur Bitch zu werden, die innerlich die überzähligen Pfunde der Geschlechtsgenossinnen zu registrieren beginnt und über sie gedanklich abläster.

Peter hielt eine Rede, die er mit den Worten einleitete: »Ich will niemanden langweilen und deshalb kurz und knapp nur …« Er sprach tatsächlich nicht mal fünf Minuten über seine neuen Bilder, die in den Räumen ausgestellt waren. Danach kündigte er den Auftritt seiner Frau an: »Und jetzt kommt Laura mit einer Aktion, von der ich selbst nichts kenne außer dem Titel: ›Ist das Liebe oder kann das weg?‹ Ich bin gespannt, ich lasse mich heute noch gerne von meiner Frau überraschen.«

Laura betrat ganz in Weiß gekleidet und mit Blumen im Haar – fast wie eine Braut – den Raum. Sie stellte sich auf einen Sockel, auf dem unten in goldenen Buchstaben stand: »Verantwortung«. »Ah«, dachte ich, »sie gibt also eine Allegorie.« Laura verharrte erst wie diese »Statuen«, die man aus der Fußgängerzone kennt, ganz still in einer anmutigen Position mit lieblichem Lächeln. Dann zog sie ein Messer unter dem Kleid hervor und begann, auf sich selbst einzustechen. Nicht fest und tief, aber punktierend mit der Messerspitze und die Taktrate ständig erhöhend. Nach und nach drangen rote Punkte durch das weiße Kleid an den Einstichstellen. »Um Gottes willen«, dachte ich schockiert, »sie kann sich doch nicht hier selbst verstümmeln vor allen Leuten.« Alex sah meinen entsetzten Blick und raunte mir zu: »Farbbeutel unter dem Kleid!« Mein Gott, war ich immer noch so naiv wie mit Anfang 20? Nein,

Laura hatte das nur perfekt inszeniert. Irgendwann hielt sie das Messer an die Stelle des Herzens und blieb dann, in dieser Position verharrend, stehen wie am Anfang der Aktion.

Applaus! Alle Anwesenden begannen zu klatschen. Fotos wurden gemacht, nicht nur von Besuchern mit Handys, sondern auch von Presseleuten mit professionellen Spiegelreflexkameras. Doch Lauras Performance war offenbar noch nicht zu Ende. Sie hob jetzt das Messer hoch wie die Freiheitsstatue die Fackel und rief kämpferisch: »Ich, die Allegorie der Verantwortung, habe noch etwas zu sagen. An dieser Skulptur seht ihr, was Kunst auch bedeuten kann – die Abgabe jeder Verantwortung an andere. Das hat mein Mann immer gemacht. Über die Jahre. Mit mir und den vier Kindern. Ich habe immer das Geld verdient, für uns alle. Und mich zugleich um die Kinder und den Haushaltsbetrieb gekümmert. Ich habe alles Verständnis der Welt für seine künstlerischen Krisen aufgebracht, habe ihn getröstet und auf meine eigene kreative Entwicklung dabei verzichtet. Jede einzelne Vernissage, jedes Bild von ihm ist nur mir zu verdanken, weil Peter sich auch noch verschuldete und ich das zusätzlich abzutragen hatte. Er hat sich um jede noch so kleine Verantwortung gedrückt. Und deshalb reiche ich die Scheidung ein.«

Gespenstische Stille im Raum.

Peter lief rot an und starrte entsetzt. An den Worten von Laura musste also etwas dran sein.

Laura lächelte schließlich wieder alle an. Erneuter Applaus. Das Publikum schien sich einig zu sein: Ihr Auftritt war nur eine Allegorie. Peter und sie standen nur für eine Vielzahl anderer Paare.

So stand es dann auch am nächsten Tag in der Zeitung: »Beeindruckende, feministische Aktionskunst«. Meinte auch Alex. Doch ich war mir da nicht so sicher. Laura hatte doch keine Schauspielausbildung, und der Auftritt war *zu* überzeugend.

Irgendwann hielt ich es nicht mehr aus und rief sie neugierig an.

»Du bist nicht die Erste, die das wissen will«, erklärte Laura, ohne dass ich sie schon danach gefragt hätte. »Ja, ich war noch am Tag nach der Aktion beim Scheidungsanwalt. Und nein, es ging mir gar nicht um Kunst, sondern rein um die Verantwortung, die man teilen muss, wenn man zusammenlebt. Ob jemand mehr oder weniger verdient, mehr oder weniger im Haushalt macht, sich mehr oder weniger um die Kinder kümmert – alles egal. Aber jede und jeder in einer Partnerschaft muss das Gefühl haben, der andere bemüht sich wenigstens um die Hälfte der Verantwortung. Dann stimmt es. Bei uns stimmte das nicht. So einfach und doch so wahr ist das.« Laura machte eine Pause und holte Luft. »Und warum ich das so öffentlich gemacht habe? Nun ja, das war mein Wiedereinstieg in die Kunstszene. Frau kann ja das Nützliche mit dem Schönen verbinden.«

Zu einer glücklichen Ehe
gehören meist mehr als zwei Personen

Meine Freundin Britta, deren Namen ich aus verständlichen Gründen hier geändert habe und mit der ich regelmäßig einmal in der Woche schwimmen gehe, leitet eine katholische Erziehungsanstalt und führt seit 25 Jahren nach eigener Aussage »eine äußerst glückliche Beziehung«. Ab und zu treffen wir uns mit unseren Männern zum Essen oder Wandern, und tatsächlich wirken Britta und ihr Mann dann so harmonisch, wie ich noch nie ein Paar zusammen erlebt habe. Sie nörgeln nicht aneinander rum, sind stets aufmerksam zueinander, aber unterdrücken auch keinen Konflikt um des lieben Friedens willen. Die beiden gehen zusammen in die Oper und legen auf gemeinsame Mahlzeiten viel Wert, machen aber auch viel getrennt. Letzteres wiederum liegt daran, dass Brittas Mann oft als Dozent im Ausland weilt – was laut Britta wiederum der Grund ist, weshalb sie ihn geheiratet hat.

»Wie?«, frage ich sie eines Tages. »Ich heirate doch keinen Mann, weil er so oft weg ist!«

»Nein, nicht weil er so oft weg ist, sondern weil es die Sache einfach enorm erleichtert.«

»Welche Sache?«, frage ich nach.

Unschlüssig sieht mich Britta an und antwortet schließlich: »Die Liebe.«

Ich denke nicht weiter darüber nach und verbuche diese Ehe in meinem Kopf einfach unter: Manchen geht es mit einer Fernbeziehung ohne die täglichen Nörgeleien à la »musst du schon wieder …« oder »weil du immer …« oder »kannst du nicht *einmal* …« einfach besser.

Das ist so in meinem Kopf abgespeichert, bis ich eines Tages nach dem gemeinsamen Schwimmbadbesuch mit Britta plötzlich mein Handy vermisse. Nach dem ersten Schreck wird mir schnell klar, dass es in der Umkleidekabine in Brittas Tasche gerutscht sein muss, denn da war kurz so ein Gedränge gewesen. Da Britta nahe beim Schwimmbad wohnt, ist nichts einfacher, als mich schnell zu Fuß zu ihr auf den Weg zu machen, um mein Handy zu holen.

Ich steuere Richtung Brittas Wohnung und sehe die Freundin tatsächlich schon von Weitem. Doch statt dass Britta in ihre Straße einbiegt, geht sie zwei Ecken weiter und ich ihr nach. Vielleicht geht sie noch einkaufen? Aber nein, Britta klingelt bei einem kleinen Häuschen an der Türe. Ich rufe noch nach ihr, aber die Freundin hört mich nicht. Und dann bleibe ich wie angewurzelt stehen: Denn ein junger Mann nimmt sie – nachdem er sich kurz umgesehen hat, ob sie nicht beobachtet werden – mit Küssen und Umarmung in Empfang.

Was ist das denn jetzt? Hat Britta einen Sohn, den sie mir verschwiegen hat? Aber nein, das kann nicht sein. Kein Sohn auf der Welt begrüßt seine Mutter auf diese leidenschaftliche Weise. Und jetzt? Ich kann ihr doch nicht in dieses Haus folgen, das sieht ja aus, als hätte ich ihr nachspioniert. Ich beschließe, umzukehren und von daheim aus Britta anzurufen, um sie nach dem Handy zu fragen.

Eine halbe Stunde später bestätigt Britta, dass mein Smartphone in ihrer Tasche liegt. Sie verspricht, es mir später noch schnell vorbeizubringen, da sie ohnehin noch mal unterwegs wäre.

Selbstverständlich beschließe ich, da nicht neugierig nachzufragen – obwohl mich ihr kleiner Hausbesuch bei dem jungen Mann zugegebenermaßen durchaus beschäftigt.

»Was schaust du denn so komisch?«, fragt mich Britta beim nächsten Schwimmbadbesuch bei einer Sportpause am Beckenrand.

Als Schauspielerin hätte ich sicherlich keine Karriere gemacht – offenbar sieht man mir alles sofort an, auch meine Neugier.

Also gut. Schließlich ist Britta ja auch meine Freundin. Sie kann ja immer noch ablehnen, darüber zu sprechen, denn unter uns Freundinnen gilt immer: Nur so viel erzählen, wie jede wirklich will.

»Sag mal, hast du einen jüngeren anderen? Auf der Suche nach meinem Handy hab ich da letzte Woche etwas gesehen ...«

Britta grinst mich breit an. »Okay, willst du die Wahrheit wissen?«

»Na klar!«

»Die Affäre ist schon wieder vorbei. Seit dem Wochenende gibt es eine neue.«

»Wie? Was?« Jetzt bin ich endgültig baff. »Der arme Bernd«, denke ich. Aber zugleich denke ich auch: »Deshalb hat Britta immer so einen frischen Teint und so einen jugendlichen Schwung.«

»Tauch mal unter und wieder auf«, empfiehlt Britta launig. »Nicht dass du hier im Schwimmbecken vor Schreck noch zur Salzsäule erstarrst.«

Sie lacht wieder. »Ich habe fast immer eine Affäre nebenbei.«

»Wie?«, frage ich wie eine dumme, junge Kuh.

»Also, Details aus meinem Sexualleben verrate ich dir jetzt nicht.«

Jetzt muss ich auch lachen. »Und warum hast du mir nie davon erzählt? Das meintest du also damals mit ›die Auslandsaufenthalte von Bernd erleichtern die Sache‹.«

Britta macht eine Rolle und erklärt danach: »Ich hab dir nie was gesagt, weil da so schnell Moralkeulen geschwungen werden und alle den Ehemann fürchterlich bedauern.«

Selbstverständlich gebe ich nicht zu, dass auch mein erster Gedanke dem »armen Bernd« galt. Während mein Hirn das noch verarbeitet, erklärt Britta ernst: »Gute Organisation ist dabei alles! Jeden Chatverlauf sofort löschen, Handynummern auswendig lernen, Tische nie auf den eigenen Namen reservieren, Alibisituation wählen, die man schon erlebt hat (also zum Beispiel ein netter Abend mit einer Freundin), denn wenn Bernd nachfragt, muss ich so authentisch wie möglich lügen können. Und das geht nur, wenn ich die Situation ganz konkret beschreiben kann und mir nicht erst im Reden etwas einfallen lassen muss. Da erzähle ich dann die Situation von früher nach. Also dass es beispielsweise regnete oder der georgische Wein ganz vorzüglich war.«

Ich starre Britta an. Das Ganze hat ja auch noch System! Das ist nicht bloß Betrug, das ist systematischer Betrug!

»Hast du denn gar kein schlechtes Gewissen, deinen Mann zu betrügen?«, frage ich vorsichtig, denn ich will ja nicht so eine sein, die eine Moralkeule schwingt.

»Hast du denn kein schlechtes Gewissen, deinem Mann treu zu sein zu dem Preis, dass du deshalb oft so zickig wirst?«, gibt Britta zurück.

»He, komm, das ist ja wohl eine Unterstellung, dass ich zickig bin … und auch noch mit dieser Begründung!«, protestiere ich.

Britta macht noch eine Rolle im Wasser, taucht wieder auf und erklärt: »Also, ich bin wesentlich entspannter, seitdem ich nicht mehr alles von nur *einem* Mann erwarte. Schau, mit dem einen hab ich klasse Sex, da kann Bernd schon mal nicht so gut im Bett sein, und es stört mich nicht weiter. Der andere inspiriert mich zu neuen Ideen fürs Leben. Und der wieder andere schließlich streichelt meine Seele, kocht für mich und nimmt mich zärtlich und verständnisvoll in den Arm. Und weißt du was? Wenn ich so entspannt bin, dann profitiert auch Bernd davon, und zwar wie! Was will ein Ehemann mehr als eine lockere, gut gelaunte und nicht auf ihn fixierte Frau?«

Die Logik klingt bezwingend. Während wir die nächsten Bahnen drehen, denke ich daran, wie ich gestern Alex angepflaumt habe, weil er wieder nur die einfache Brotzeitvariante auftischte und sich nicht mehr Mühe für das gemeinsame Abendessen gegeben hatte. Später wollte er noch schnellen Sex, der für mich nun mal nicht so prickelnd war. Und vor dem Einschlafen wünschte ich mir kurz, dass mein Mann sich auch mal wieder mit neuen Ideen oder überraschenden Einsichten in eine unserer Diskussionen mit Freunden einbringen könnte. Grummelnd dachte ich mir, dass er eigentlich seit Jahren zu gesellschaftspolitischen Themen immer die gleiche Platte auflegt. Ganz zu schweigen davon, dass unsere Teenager mittlerweile auch schon aufschreien: »Papa, das hast du schon hundertmal erzählt!«

Ich schwimme und schwimme und denke und denke: Aber ist das nicht unfair? Ist das nicht eine Doppelmoral, wie sie früher die Männer vor sich hertrugen? Und leidet nicht Bernd doch sehr darunter?

»Nee«, erklärt Britta in der nächsten kleinen Pause am Beckenrand. »Bernd leidet sicher nicht. Das weiß ich, denn ich liebe ihn ja und würde das spüren. Und was bitte ist dagegen einzuwenden, wenn es allen Beteiligten damit gut geht? Du sagst ja auch nichts dagegen, wenn Erwachsene in beiderseitigem Einvernehmen alle möglichen Sexvarianten ausprobieren. Da sind alle aufgeschlossen. Aber warum nicht bei einer Erweiterung des Personenkreises?«

Hm. Mir fällt kein Argument dagegen ein.

»Die einzige moralische Pflicht ist, es ihn nicht erfahren zu lassen. Das wäre nur verletzend. Deshalb achte ich so darauf, dass wirklich nichts auffliegt.«

Britta stößt sich zur nächsten Bahn vom Beckenrand ab.

Ich schwimme und schwimme und gucke und gucke zu dem sehr attraktiven jungen Mann neben mir, der mich kurz anlächelt … und mehr verrate ich hier nicht, denn es könnte ja sein, dass mein Mann mal dieses Buch liest.

Wie sagte schon Oscar Wilde im 19. Jahrhundert? »Zu einer glücklichen Ehe gehören meist mehr als zwei Personen.«

Seid ihr eigentlich verheiratet?

Seid ihr eigentlich verheiratet?« Da unterhält frau sich jahrelang mit der Verkäuferin im Bioladen, der Nachbarin oder dem netten Kollegen im Büro so nebenbei auch über die Partner. Beispielsweise so:

»Meiner tut mir wahnsinnig leid. Er hat sich so eine richtig fiese Phobie eingefangen, vor Bazillen. Nein, kein Waschzwang! Im Gegenteil. Er kann die Toilette und das Badezimmer nicht zum Putzen betreten, weil dort zu viele Bazillen lauern. Der arme Kerl!«

»Ach, wie gut, dass du das sagst. Das scheint zu grassieren oder ansteckend zu sein. Hat meiner nämlich auch!«

Man berichtet sich mehr oder weniger Banales oder Universelles – bis bei irgendeinem Thema plötzlich die Frage auftaucht: »Seid ihr eigentlich verheiratet?« Bis zum Eintritt einer ernsten Angelegenheit scheint es überhaupt keine Rolle mehr zu spielen, ob Mann und Frau nun einen Trauschein haben oder auch nicht. Aber ein Herzinfarkt (herrje, solche Krankheits-Anlässe und Formalitäten in der Klinik nehmen zu) oder die Fragen zu unserer künftigen – magersüchtigen – Rente (herrje, die nehmen auch krass zu) oder nach der Pflegeheimfinanzierung des Schwiegervaters (herrje, auch so was kommt immer öfter) lassen einen dann doch darüber nachdenken. Und an all das soll man im zarten jugendlichen Alter von 31 Jahren schon denken, wenn man einen Mann ehelicht? Okay, andere tun das vielleicht. Ich aber habe vor dem Traualtar nicht eine Sekunde daran gedacht, ob diese Heirat eines Tages vielleicht einmal für einen Klinikaufenthalt, für die spätere Rente oder meine Schwiegereltern wichtig sein könnte.

Wir gehen einfach Ehen ein, ohne uns der wirklichen Konsequenzen bewusst zu sein. Klar, haben wir von unseren Steuerberatern schon mal was von Ehegattensplitting gehört. Und natürlich wissen wir, dass ein Sorgerecht für die Kinder einfacher zu handeln ist, wenn wir verheiratet sind. Und außerdem können wir uns anlässlich einer Hochzeit einen wirklich tollen Ring beim Juwelier bestellen, und unsere große Liebe geht deshalb zum ersten und einzigen Mal begeistert mit uns zum Schmuck-Einkaufen. Aber das war es dann auch schon. Von Ausnahmen wie meiner Chefin rede ich hier nicht. Die hat offenbar einen Mann ergattert, der ihr nicht nur zum Geburtstag, zu Weihnachten, zum Namenstag, zu Ostern, zum 1. Mai, zum Frühlingsanfang und zur Sommersonnenwende (um nur einige Anlässe zu nennen) immerzu den wunderbarsten Schmuck schenkt. Soll es geben. Aber es gibt ja auch Trolle auf Island, Multimilliardäre und Frauen, die in Sandalen mit Kniestrümpfen gut aussehen.

Aber auch das nur am Rande. Meinen Small-Talk-Gesprächen nach hätte ich vermutet, dass heutzutage rund die Hälfte der Paare ohne Trauschein zusammenlebt und die andere Hälfte verheiratet ist. Aber weit gefehlt: Ein Blick in die Statistik belehrt mich eines Besseren. 88 Prozent der deutschen Paare sind verheiratet. Die »wilden Ehen« sind also eher in der Minderheit.

Auch die Namen taugen mittlerweile wenig zur Beantwortung der obigen Frage. Vor der Eherechtsreform 1976 wurde der Name des Mannes stets Ehename der Eheleute. Ab 1957 konnte die Frau ihren Namen an den Ehenamen anhängen. Der Mann konnte der Frau, wenn die Frau schuldig geschieden wurde, die Weiterführung seines Namens untersagen. Seit einer Entscheidung des Bundesverfassungsgerichts vom März 1991 ist es möglich, keinen

Ehenamen festzulegen und die bisherigen Namen weiter-
zuführen. Seitdem nun also frei gewählt werden kann, ist
die Lage reichlich unübersichtlich geworden. Beate Lange-
mark-Stolz und Heinz Horch aus dem dritten Stock bei
uns im Haus sind verheiratet. Frau und Herr Schmitt im
zweiten Stock hingegen nicht. Sie haben nur zufälligerweise den gleichen Nachnamen. Selbst Doppelnamen be-
weisen im Zeitalter der Globalisierung noch nicht, dass
frau unter der Haube ist: Maria Lopez Diaz beispielsweise
hat ihren Nachnamen, der zugleich ihr Mädchenname ist,
aus Spanien mitgebracht. Denn in Spanien ist es üblich, als
Kind immer den ersten Nachnamen des Vaters und den
ersten Nachnamen der Mutter zu übernehmen.

Die alten Ägypterinnen, Römerinnen und Germanin-
nen behielten übrigens auch bei einer Eheschließung immer ihren »Mädchennamen«.

Und auch der Ehering ist nicht mehr das, was er einmal
war. Ich zum Beispiel trage ihn seit Jahren nicht mehr, weil
ich dünner wurde und er mir vom Finger abzufallen
drohte. Meine Mutter trägt ihn nicht mehr, weil sie ihn
nicht mehr über den Ringfinger kriegt. Mein Mann und
mein Vater tragen hingegen ganz treu die Eheringe. Und
wenn ich nun zusammen mit meinem Mann irgendwo
auftauche, ordnen uns deshalb andere nicht einander zu,
weil der eine einen Ehering trägt, die andere aber nicht.
Die Lage ist also komplex unübersichtlich. Alles ist möglich, alles kann, nichts muss sein. Das ist ein klein wenig
irre, wenn man daran denkt, was der Ehe in früheren
Zeiten als allgemein gesellschaftspolitisch stabilisierenden
Faktor zugeschrieben wurde (siehe Kapitel »Für immer ist
ganz schön lang«).

Wir haben jedenfalls die Freiheit, einen gemeinsamen
Familiennamen zu wählen (okay, Männer nehmen den

Nachnamen der Frau immer noch seltener an als umgekehrt) oder die ganzen bisherigen Papiere wie Führerschein und Reisepass zu behalten. Ältere Feministinnen wie meine Großtante Kerstin, Jahrgang 1941, freuen sich heute noch darüber: Sie hatte sich dreimal scheiden lassen. Als Ärztin musste sie jedes Mal ein Schild mit dem jeweiligen neuen Namen anbringen lassen – und die ganze Stadt wurde so automatisch über ihren jeweiligen Familienstand informiert. (Was? Wieder der Mädchenname? Ist Ihre Ehe in die Brüche gegangen? Ach, schon wieder ein neuer Name? Haben Sie wieder geheiratet? Was, schon wieder alles anders? Sind Sie mit Elizabeth Taylor verwandt?) Wir können uns entscheiden, wie viel wir auf den ersten Blick von unserer Privatsphäre preisgeben.

Nur in ganz, ganz seltenen Fällen führt diese Freiheit auch mal zur Überforderung, so wie bei der Nichte meiner Bioladen-Verkäuferin: Die zankte sich so mit dem Zukünftigen über einen gemeinsamen Familiennamen, dass die Beziehung daran zerbrach: »Wenn ich mit ihm nicht mal einen gemeinsamen Namen hinkriege, wie soll das dann mal in einem gemeinsamen Haushalt mit Kindern klappen?«

Jahrhundertnachricht

Erste Himmelshochzeit in Deutschland

Buxtehude (dmb). Erstmals feiert in Deutschland ein Paar seinen 100. Hochzeitstag, die sogenannte »Himmelshochzeit«. Der 118-jährige Hermann und die 117-jährige Erna Schmidt heirateten heute vor 100 Jahren mit einer Sondergenehmigung der Eltern wegen ihrer Minderjährigkeit. Ihr hohes Alter hat sie gebrechlich werden lassen, weshalb sie auch auf eine große Feier verzichten und sich nur »einen romantischen Abend zu zweit machen«. Geistig sind die beiden betagten Senioren jedoch noch äußerst fit und erklärten auf die Nachfrage unseres Blattes, wie sie es zu diesen unvorstellbaren 100 Ehejahren brachten: »Wir haben uns immer gesund ernährt, nur in Maßen Sport gemacht und wenig Alkohol getrunken«, erklärt Hermann Schmidt. »Wir haben uns nie gestritten, zwischen uns ist kein einziges böses Wort gefallen, und keiner von uns hat sich jemals über den anderen beklagt«, ergänzt Erna die Aussage ihres Mannes. Wie das möglich sei, fragen wir nach. »Nun, wir wurden durch eine Landverschickung im Ersten Weltkrieg getrennt und glaubten aufgrund eines Behördenirrtums daran, dass der jeweils andere verschollen wäre. Wir haben nie zusammengelebt, bis uns erst der Zufall hier in diesem Seniorenstift vor drei Jahren wieder zusammengeführt hat.«

Willkommen in diesem Theater!

Zwischen einem Seniorenpaar an der Bushaltestelle eskaliert ein Streit, weil *er* seinen Stock an *ihr* Bein anlehnt. Warum eigentlich? Wo ist das Problem?

Auf dem Weg zum Müllhäuschen wiederum höre ich, wie sich das jüngere Paar aus dem Erdgeschoss im Garten anbrüllt, weil keiner die Terrasse aufräumt. Was ist eigentlich so schlimm daran, wenn dort Chaos herrscht?

Meine Freundin Kikki und ihr Mann kriegen sich regelmäßig darüber in die Haare, dass er den Pfefferstreuer und nicht vielmehr die Pfeffermühle verwendet. So what?

Tja, und dann sind da noch Alex und ich: Mindestens ebenso oft, wie ich mit meinem Mann schon geschlafen habe, habe ich auch schon mit ihm gestritten. Neulich zankten wir uns darüber, welche Kiste im Kellerregal ganz oben stehen soll, bis wir bemerkten, dass ein Nachbar auch in seinem Kellerabteil weilte und durch den Bretterverschlag alles mithörte. Bei der anschließenden Begegnung sah uns der Nachbar an, als ob wir nicht mehr ganz dicht wären. Recht hat er. Tritt man mal einen Schritt zurück und sieht sich diese Auseinandersetzungen von außen an, wirken sie wie ein Kuriositätenkabinett in Sprechblasen.

Alex behauptet dann immer, speziell vor den Kindern: »Das ist gar nichts, das sind nur kleine ›Nickligkeiten‹, da steckt nicht mehr dahinter.« Ich vertrete hingegen die These, hinter jedem Gezanke gibt es noch eine tiefere Ebene. Denn wie bitte ist es zu erklären, dass Alex und ich wirklich böse aufeinander werden, weil der eine die Milch rechts in die Kühlschranktür stellt, die andere aber links.

Wir leiden beide nicht unter einem Ordnungszwang, haben beide noch andere Interessen als Kühlschränke und sind auch noch nicht so senil oder gar blind, um die Milch an einer anderen Stelle im Kühlschrank nicht mehr zu finden. Was um Himmels willen geht da bei einem Paar vor sich, das wertvolle Lebensminuten mit so einem Scheiß verbringt?

Es wäre möglich, dies jetzt mit einzelnen Hintergründen zu erläutern, aber ich möchte Ihnen nicht das Vergnügen nehmen, an unserem Theater teilzuhaben, denn es hat durchaus auch komisches Potenzial. Voilà. Vorhang auf für unser Kuriositätenkabinett!

1. Die Wasserflasche

Alex und ich wollen seine Eltern besuchen. Die beiden leben auf dem Land, wir begeben uns von der Wohnung zum Auto, das schräg gegenüber vom Haus geparkt ist. Lukas und Eva wollen gleich nachkommen.

ALEX   Haben wir auch alles?

MB   Ich hab alles in den Korb gepackt. Das Buch, das deine Eltern haben wollten, und auch die Formulare zur Patientenverfügung. Ich leg die Sachen ja immer schon in den Korb rein, wenn ich gerade daran denke. Dann vergessen wir das nicht.

ALEX   Nein, ich meine Schlüssel, Geld, Zigaretten, Wasser? Haben wir an alles gedacht?

MB   Also, *ich* hab alles, was ich brauche.

ALEX Denkst du nur an dich?

MB Eben habe ich gesagt, dass ich alles für deine Eltern schon im Vorfeld in den Korb lege, damit wir nichts vergessen!

ALEX Leg doch nicht jedes Wort auf die Goldwaage. Das war allgemein gemeint. Haben wir alles?

MB *(ironisch)* Also, was ist jetzt so schwer daran, sich Geld, Schlüssel, Zigaretten und eine Wasserflasche für eine Autofahrt zu merken? Soll ich dir einen Post-it-Zettel dazu als Erinnerung schreiben?

ALEX *(beleidigt/die Straße zum Parkplatz überquerend)* Das war nur fürsorglich gemeint. Kann ich nicht mal nachfragen, ob du die Wasserflasche in den Korb gelegt hast, ohne dass du gleich zynisch wirst?

MB Das war ironisch und nicht zynisch. Das ist ein großer Unterschied. Und warum bin eigentlich ich dafür verantwortlich, dass wir eine Wasserflasche auf der Fahrt zu deinen Eltern dabeihaben?

ALEX Hab ich gesagt, dass *du* verantwortlich bist? Ich hab nur gefragt: Haben *wir* alles?

MB Aber gemeint hast du, ob *ich* alles eingepackt habe. Soll ich jetzt für deine Eltern auch noch komplett zuständig sein? Ich hab schon die anderen Dinge in den Korb gelegt.

ALEX Was heißt da »auch noch«? Sind dir meine Eltern zu viel?

MB Nein, aber dir offenbar. Wer hat denn an das Buch und die Patientenverfügung gedacht?

ALEX *(stehen bleibend, nachdem er den Wagen mit der Fernbedienung geöffnet hat)* Und wer hat vorher getankt, gestern schon, damit wir nicht noch mal extra anhalten müssen?

MB Es tankt doch immer der, der eine längere Strecke geplant hat. Was ist so schwer daran zu verstehen?

ALEX Was ist so schwer daran, eine Wasserflasche einzupacken?

MB Nichts. Das ist sogar so leicht, dass du es auch könntest!

ALEX *(zornig)* Kannst du nicht mal aufhören mit deiner … Ironie?

MB *Du* hörst doch nicht auf!

ALEX Ich hab schon längst aufgehört, *du* machst immer weiter!

MB Was für ein Tamtam um eine Wasserflasche! Die legt man entweder in den Korb oder nicht …

ALEX … oder man fragt nach, ob der andere das gemacht hat. Ganz banal. Rein theoretisch. Wenn das möglich ist, ohne dass der andere daraus einen Elefanten macht.

Wir sehen beide die Kinder auf uns zukommen.

LUKAS *(aus der Entfernung, hält eine Flasche hoch)* Ich hab noch die Wasserflasche mitgenommen. Die stand da auf dem Küchentisch, und ich hab gedacht, ihr habt sie vielleicht vergessen.

2. Dann sag halt was

Nachts, 22 Uhr. Alex glotzt irgendwas mit Sport beziehungsweise ist darüber vor dem Fernseher eingeschlafen. Ich hänge bei Facebook rum und warte müde darauf, dass der Trockner endlich mit der Wäsche fertig wird und ich sie noch zusammenlegen kann. Eigentlich möchte ich ins Bett, aber wenn ich jetzt das Programm abstelle, ist die Wäsche morgen verknittert, und ich muss die T-Shirts bügeln. Also lieber jetzt noch kurz durchhalten und unterm Strich weniger Arbeit haben. Wie es der Zufall will, begegnen sich mein Mann und ich vor dem Trockner, weil er aus seinem Fernsehschlaf aufgewacht ist und pinkeln muss.

ALEX Was schaust du denn so grantig?

MB Weil der blöde Trockner immer noch braucht.

ALEX Gibt es da kein Kurzprogramm?

MB Nein, ja, schon. Aber das Gerät hat einen Temperaturfühler.

ALEX Dann mach das doch morgen. Morgen ist auch noch ein Tag.

MB Wie oft hab ich dir eigentlich schon gesagt, dass die Wäsche dann knittert und ich dann doppelte Arbeit hab mit Bügeln?

ALEX Warum schaltest du dann so spät ein?

MB Weil das ganze Zeug, der ganze Haushalt, irgendwann gemacht werden muss.

ALEX Aber doch nicht so spät abends. Komm, mach es dir neben mir gemütlich auf dem Sofa! Lass die Wäsche einfach mal gut sein …

MB *(außer sich)* Hörst du mir überhaupt zu? Eben habe ich dir erklärt, dass dann die Wäsche knittert!

ALEX *(eingeschnappt)* Bitte! War ja nur ein Vorschlag! Dass ein Ehepaar einfach mal wieder nebeneinandersitzt und kuschelt, ich meine gar nicht Sex.

MB *(in Rage)* Ach, wie freundlich von dir, keine Ansprüche zu stellen. Außer dass ich dir deinen Dreck wegmache und zugleich mit dir kuscheln soll als Beiwerk zu irgendwelchen doofen Sportereignissen in der Glotze. Reizend! Wirklich reizend!

ALEX *(ironisch)* Ja, reizend. Eine wahrlich reizende Frau!

MB *(stocksauer)* Ach, jetzt wirfst du mir also vor, dass ich auf deine letzten Annäherungsversuche nicht reagiert und nicht mit dir geschlafen habe. Weißt du eigentlich, warum? Weil ich zu müde bin! Weil immer ich alles machen muss, die Wäsche auch noch spät in der Nacht!

ALEX Dann sag halt was. Dann übernehme ich mehr im Haushalt.

MB *(kichert fast hysterisch)* DU? MEHR? HAUSHALT? Wie oft hatten wir das schon? Wenn ich an leere Versprechungen glaube, dann an diese: »Ich mache jetzt auch mehr.«

ALEX Du gibst mir ja keine Chance.

MB Wie? Wie bitte? Die Wäsche lag hier vier Tage einfach so rum. Ist das so schwer, sie in die Waschmaschine und den Trockner zu befördern?

ALEX Sag halt was!

MB Ich hab 20 Jahre lang was gesagt, das nicht angekommen ist. Du bist ein Haushaltsfaultier, und das soll nun plötzlich an mir liegen? Nein, mein Lieber, dreh den Spieß nicht um!

ALEX Ich geh jetzt. So ... und nun weißt du, warum ich lieber Sport angucke, anstatt mit dir die Wäsche zu machen.

MB *(gefährlich ruhig)* Wie meinen?

ALEX Das ist deutlich entspannter. Ich muss morgen im Job meinen Mann stehen. Ich muss mich auch mal erholen können und brauch nicht so ein Gezänke nachts.

MB *(fassungslos)* Also *du* brauchst Entspannung vor der Glotze, während ich hier den Scheiß mache, damit *du* dich entspannen kannst? Von deiner Xanthippe?

ALEX Ich sag jetzt gar nichts mehr.

MB *(schreit)* Also einfach verpissen? Konflikten aus dem Weg gehen? Feige davonlaufen?

ALEX Schrei bitte nicht so rum, du weckst noch die Kinder. Die haben morgen auch einen schweren Tag, zwei Prüfungen!

Der Trockner piepst. Das Programm ist durch. Alex verlässt das Badezimmer. Ich drücke immer wieder den Signalknopf, damit er immer wieder laut piepst, bis Alex zurückkommt. Außer sich stürmt er ins Badezimmer und schließt die Zimmertür hinter sich, um selbst »ungestört« brüllen zu können.

ALEX *(schreit)* Kennst du jetzt gar keine Rücksichtnahme mehr? Musst du jetzt auch noch die Kinder reinziehen? Sie aufwecken mit diesem unerträglichen Piepsen?!

MB *(komplett entspannt)* Die Kinder sind gar nicht da. Die haben sich vorhin verabschiedet, zu Freunden, hast du wohl auf dem Sofa verpennt. Aber schön, wenn du jetzt auch wieder so wach und fit bist, dann können wir ja ganz chillig die Wäsche zusammenlegen!

3. SMARTPHONE

Andere sind aufgeschlossen für das Leben und technische Neuerungen. Wir haben Kinder. Das eine schließt zwar prinzipiell das andere nicht aus, in unserem Fall aber doch. Jedenfalls erklärt Lukas seinem Vater, wie er auf dem

Smartphone Speicherplatz freikriegt und so Zeug, während Eva und ich den neuesten H&M-Katalog durchstöbern und mir die Tochter erklärt, warum in meinem Alter »High Waist«-Jeans bescheuert aussähen. Wir sitzen zu viert am Küchentisch.

ALEX *(zu mir)* Schau mal, so kannst du das Smartphone noch mal ganz anders benutzen!

MB Danke, hat mir Eva schon erklärt!

LUKAS Eva? Die hat so wenig Ahnung wie du davon!

MB So wie ihr beide, du und Alex, von Mode.

LUKAS Was ist jetzt wichtiger?

EVA *(scherzend)* Das fragst du noch?

ALEX *(ernst)* Also da gibt es wohl doch eine Abstufung. Die Technik erleichtert unser Leben. Die Mode ist überflüssiger Schnickschnack und macht es nur teurer.

EVA Technik erleichtert das Leben? Papa, du widersprichst dir. Vor einer Woche hast du noch gesagt, wie kompliziert alles durch die Technik wird, weil du jetzt auch noch mit dem Smartphone zurechtkommen musst, einem Gerät, das man eigentlich nicht braucht!

ALEX *(beleidigt)* An sich ist es ja auch überflüssig. Früher ging es auch ohne. Als ihr klein wart, haben wir noch mit einer Kamera fotografiert, bei der man darauf achten musste, nicht zu viel Film zu verbrauchen.

EVA Also früher war alles besser? Der Spießersatz schlechthin! Und was war jetzt besser an der alten Kamera?

ALEX *(hilflos)* Das war … das war einfach … da hat man noch ein Gefühl für … (findet endlich ein Argument) Werte gehabt! Nicht einfach so drauflosmachen, sondern vorher überlegen, nicht einfach so … konsumieren.

EVA Ach, und letzte Woche hast du noch gesagt, Lukas und ich sollen nicht einfach bloß immer so konsumieren, sondern auch mal selber was machen, kreativ, zum Beispiel mal fotografieren.

ALEX *(weiß nicht mehr, was er noch antworten soll, sieht mich plötzlich vorwurfsvoll an)* Das hat sie von dir!

LUKAS *(springt auf)* Nee, Digger, das geb ich mir jetzt echt nicht. Rentnerstyle. Und auch noch Psycho. Macht das mal unter euch aus!

EVA *(springt ebenfalls auf)* Und tschüss! Mein Bruder hat auch mal klug heute.

Die Kinder verschwinden, Alex sieht dem fassungslos zu.

ALEX *(vorwurfsvoll)* Das hast du nun davon!

MB Ich?

ALEX Du, ja, du! *Du* hast sie doch so erzogen!

MB *(souverän)* Und gar nicht so schlecht. Sie trauen sich jedenfalls, ihre Meinung zu sagen. Was dagegen?

Alex weiß nun gar nicht mehr weiter. Plötzlich lächelt er, schüttelt den Kopf und macht sich pantomimisch über sich selbst als rechthaberischen Gockel lustig.

ALEX *(ironisch)* Wenn jemand nicht meiner Meinung ist, bin ich nicht mehr für Meinungsfreiheit, wie sie im Grundgesetz steht. *(grinst)* Speziell bei meiner Frau!

MB *(schmilzt dahin, kuschelt sich an ihn)* Und ich bin dafür, dass »Humor« ins Grundgesetz aufgenommen gehört. Muss ein eigener Paragraf werden. Oder jedenfalls zu irgendeinem Gesetz zur Eheschließung, das jeder Standesbeamte abfragen muss. Denn der ist fast so wichtig wie die Liebe für eine Beziehung.

ALEX … oder Kinder, die gut erzogen sind – von dir!

Ich kann nicht anders, als ihn zu küssen. Ein Mann, der sich bisweilen selbst nicht so ernst nimmt, ist wie ein Sechser im Lotto.

Rätselraten

1. Was hat zwei Beine, einen Kopf und zwei Hände und weiß doch nicht, wie man eine Arbeitsplatte in der Küche sauber kriegt?
   a) Eine Küchenschabe
   b) Ein Kochbuch
   c) Ein Ehemann

2. Wer liegt jeden Abend neben Ihnen im Bett und versteht Sie mitsamt all Ihren Emotionen bedingungslos gut, ohne das, was Sie bewegt, moralisch zu werten oder in die Kategorie »Ist doch nicht so schlimm!« einzuordnen?
   a) Das Zweitkissen
   b) Das Kuscheltier aus der Kindheit
   c) Ihr Ehemann

3. Welche Säugetiere (des männlichen Geschlechts) sind zwar schon zum Mond geflogen, aber leiden unter Mutation des Gens, das dafür zuständig ist, cool, gelassen und total entspannt einen Staubsauger zu bedienen?
   a) Schildkröten
   b) Aasgeier
   c) Menschen

4. Welche Kinder erfordern die meiste Arbeit, Aufmerksamkeit und Zuwendung von Frauen?
   a) Babys zwischen 0 und 6 Monaten
   b) Pubertierende
   c) Ehemänner

5. Wann ist der richtige Zeitpunkt, zu heiraten?
- **a)** Noch bevor frau überhaupt eine Beziehung eingeht
- **b)** Nach 80 Probejahren wilder Ehe
- **c)** Jederzeit – weil es immer schiefgehen kann

Gratulation!

Ich bin mir sicher, Sie haben alle Fragen richtig beantwortet. Denn weder reinigen Kochbücher die Arbeitsplatten, noch sind Schildkröten Säugetiere, noch können Kuscheltiere Ihre Gefühle verstehen!

Sollten Sie sich aber weiter fragen, warum Sie bei Ihrem Mann bleiben – dieses Rätsel kann ich Ihnen leider auch nicht beantworten.

Schwiegermütter & andere Monster

Dorothee schoss mir in der ersten Klasse mit einer Gummischleuder hinterrücks Papierstückchen in den Rücken, woraufhin ich sie hinterrücks auf dem Pausenhof verprügelte – wonach wir wiederum gemeinsam vor dem Lehrer behaupteten, da müsse er wohl Gespenster gesehen haben, zwischen uns sei doch nichts vorgefallen, wir seien doch Freundinnen. Seitdem sind wir wirklich Freundinnen. Niemand muss sich heute mehr vor Dorothee in Deckung bringen, außer Schokolade, Kuchen, türkische Tatlar und ihre Personenwaage, die sie schon mal wutentbrannt aus dem Badezimmerfenster geworfen hat.

Dorothee ist (wen wundert's?) rundlich, alleinerziehend, humorvoll und kann eben so energisch werden, dass sich die Personenwaage schon nicht mehr das wahre Gewicht anzusagen traut, sondern säuselt: »Mach weiter so. Ernähre dich gut und bewege dich viel«, wenn sie sich auf diese stellt. Wie Dorothee es geschafft hat, die Personenwaage so in die Enge zu treiben, ist mir ein Rätsel. Ich habe bei meinem iPhone schon alle möglichen Tricks probiert, um die »Health«-Anzeige zu manipulieren, aber keiner hat funktioniert. Ich habe das Smartphone kopfüber gehalten, um mehr »Treppensteigen«-Einträge zu kriegen, obwohl ich den Stufenweg nach unten genommen habe. Mit dem Fahrrad bin ich extra schon über holpriges Kopfsteinpflaster gefahren, um dem Gerät zu suggerieren, ich würde joggen. Und kürzlich war ich kurz davor, mir einen Vibrator zu kaufen und das iPhone daraufzulegen, um mehr Bewegungseinträge zu bekommen. Aber den Plan habe ich wieder fallen gelassen, denn mein Mann würde mir diese Geschichte zwar noch glauben, aber meine Tochter Eva und mein Sohn Lukas würden mir bei einer möglichen Entdeckung des Vibrators niemals im Leben abkaufen, dass ich dieses Gerät so dermaßen zweckentfremdet habe und ausschließlich für das iPhone erstand.

Außerdem bin ich nicht mehr ganz so kindisch wie Dorothee und bemühe meine Fantasiewelt in der harten Realität. Dorothee behauptet nämlich steif und fest, ihre Personenwaage sei ein Monster mit Eigenleben. Und darüber hinaus sei es auch noch ein »Lügengerät«. Sollen doch andere von »Lügenpresse« reden – ob das stimmt, könne sie nicht beurteilen –, sicher sei aber, dass sie ein Lügengerät zu Hause habe. Diese Waage sei ein Teufel, der sich in unsere moderne, aufgeklärte Zeit eingeschlichen habe. Gnadenlos trage dieses Monster jede kulinarische Freude in unser Sündenregister ein, sei das personifizierte schlechte Gewissen und ein »Meister im Einreden von Schuldgefühlen«. So, wie die Kirche uns in früheren Zeiten einredete, wir wären alle Sünder, so mache es dieses Monster heute und verlange auch noch, dass wir ständig geloben sollten, bessere Menschen zu werden – also weniger und bewusster zu essen und mehr Sport zu treiben. Als ob das jemals gelingen würde! Weshalb das Ding auch mit Fug und Recht als Lügengerät bezeichnet werden dürfe, denn das funktioniere im Prinzip wie früher die strafende Predigt eines Priesters, der uns ein schlechtes Gewissen einredete, um uns gefügig und klein zu halten. Dorothee kommt in Fahrt und schimpft: »Da lebt man fröhlich vor sich hin, und dann kommt diese Waage wie das jüngste Gericht, nachdem ich meinen Spaß hatte, und redet mir teuflische Schuldgefühle ein! Das Ding rächt sich an allem, was mir Spaß macht – Schokolade essen, Wein trinken und auf dem Sofa faulenzen.«

Dorothee redet sich in diesem Punkt gerne in Rage. Wir würden zwar nicht mehr an einen Gott glauben, hätten aber immer noch eine spirituelle Sehnsucht nach einer höheren Gerechtigkeit. Wären wir tugendhaft, würden wir belohnt – ob nun von einem Gott später im Himmel oder von einer Personenwaage heute mit der Idealgewichtanzeige.

Seitdem ich Dorothee kenne, redet sie gerne über dieses Thema. Und da ich Dorothee seit der ersten Klasse kenne, denke ich sofort an eine Personenwaage, wenn jemand »Monster« sagt. Ich habe das Bild eines einäugigen Zyklopen mit Kilo-Anzeige im Kopf vor mir, wenn auch nur der Begriff erwähnt wird, obwohl ich selbst das Monster aus unserer Wohnung verbannt habe, seitdem es mir ständig zu wenig statt zu viel angezeigt hatte. »Lügengerät« – Dorothee hatte schon recht. Außerdem wollte ich meine Tochter Eva davor bewahren, in die Abwärtsspirale einer permanenten Gewichtskontrolle zu geraten. Magersüchtige arbeiten sich zwar in erster Linie durch Bewegung die Pfunde vom Leib (aufgepasst, wenn die Tochter nach jedem Essen exzessiv Sport treibt!), aber eine Waage im Badezimmer ähnelt dennoch einer Art Promillemessgerät, wie es angeblich Profialkoholiker zum Messen von morgendlichem Restalkohol im Haus haben.

Wie auch immer – die Personenwaage wurde bei uns eines Tages also entsorgt. So, wie auch Monster, Gespenster und gute Feen unseren Haushalt mit dem Älterwerden der Kinder Hals über Kopf verlassen haben. Fantasiewesen bevölkern unsere Familie kaum mehr. Das hat Vor- und Nachteile. Alex und ich können nicht mehr behaupten, ein Einhorn würde morgen durch das Zimmer fegen, wenn dieses nicht aufgeräumt sei. Wir können aber andererseits vernünftig argumentieren: Wenn du dein Zimmer heute nicht aufräumst, findest du morgen wirklich gar nichts mehr. Und wenn du dein Zimmer nicht endlich mal putzt, liegt demnächst so eine Speckschicht darüber, dass es dir peinlich wird, die Freunde zum Kiffen einzuladen. (Die Argumente ändern sich mit dem Alter der Kinder entscheidend!)

Aber eigentlich wollte ich auch davon hier nicht sprechen, sondern von meiner rundlichen, alleinerziehenden ältesten Freundin, mit der ich eines lauen Sommerabends in einem Biergarten saß und mit der das Gespräch darauf kam, wie verschieden unsere Leben so gelaufen sind. Ich habe mit Alex 32 Jahre Beziehung auf dem Buckel – sie hat die Kinder alleine aufgezogen und ist heute noch auf der Suche nach einem Partner – nach 87 gescheiterten Beziehungen. Nein, die Zahl sei nicht gefühlt oder übertrieben, Dorothee sagt, auch diese Zahl habe ihr das Monster von Personenwaage schon mal an den Kopf geworfen, in wenig schönen Worten: »Kein Wunder, dass du keinen kriegst und all deine 87 Beziehungen gescheitert sind. Wenn man so fett ist wie du!«

Der Vater ihrer Kinder, der Marcus, so Dorothee beim monsterwaageverdrängenden Wurstsalat und der Maß im Biergarten, wäre »es« eigentlich gewesen. »Es«, also die Liebe ihres Lebens. Je öfter sie darüber nachdachte oder andere Männer mit ihm verglichen habe, desto klarer sei ihr das geworden. Ihn damals, als die Kinder noch klein waren, verlassen zu haben, war einer der größten Fehler ihres Lebens. Dorothee sitzt unter einer Kastanie in einem Münchner Biergarten, macht ein missmutiges Gesicht und starrt nach diesem Geständnis vor sich hin.

»He, aber du wirst damals doch deine Gründe gehabt haben, ihn zu verlassen. Im Nachhinein vergessen wir die oft«, versuche ich, sie aufzumuntern.

»Klar doch«, meint Dorothee, schweigt ungewohnt weiter und nimmt einen tiefen Schluck vom Bier, womit sie betüddelter wird, als ihr vermutlich lieb ist.

»Warum hast du Marcus eigentlich damals verlassen?«, frage ich unbedarft nach, weil ich es tatsächlich vergessen habe und wir auch nie wieder darüber gesprochen haben. Außerdem sitzen in diesem Biergarten jede Menge attraktive Männer unseres Alters, und es kann ja nie schaden, eine intellektuelle Gesprächsvertiefung vorzutäuschen – nicht zuletzt, um der ältesten Freundin damit potenziell zu einem neuen Partner zu verhelfen, wenn wir die Typen keines Blickes würdigen und damit null männerfixiert wirken.

Dorothee seufzt. »Weil sie ein Monster ist!«, bricht es dann aus ihr heraus.

»Wie? Wer? Die Waage?«, frage ich.

»Die auch!«, antwortet Dorothee kryptisch. Und fügt dann doch ausführlicher hinzu: »Die Schwiegermutter!«

»Ähm … eine Waage kann vielleicht ein Monster sein, aber doch nicht eine Schwiegermutter!«, wende ich ein. »Vielleicht …«

Dorothee fährt mir über den Mund. »Diese Frau *ist* ein Monster!«, erklärt sie. »Sie hat Marcus kaputt gemacht.«

»Aber das ist doch zu billig, alles auf die Erziehung und die Schwiegermutter zu schieben. Wissen wir doch spätestens, seitdem wir selbst Kinder haben. Marcus war schließlich schon flügge, als du mit ihm Kinder gekriegt hast.«

Zwei Typen in unserem Alter lassen sich an unserem Tisch nieder. Ich suche fieberhaft nach einem weniger intimen Thema.

Dorothee schüttelt den Kopf, nimmt die Typen gar nicht richtig wahr und erklärt, dass sie 25 Jahre gebraucht habe, um sich eingestehen zu können, dass sie diese Frau hasse wie sonst nichts auf der Welt. Alles, aber auch alles habe die Frau dem Sohn abgenommen, vom Müll-Wegbringen bis hin zur Verantwortung für das eigene Leben. Ob ich mir vorstellen könne, dass ein Mann nicht einmal mit zwei Kleinkindern auf die Idee käme, am Wochenende vor zwölf Uhr aufzustehen, mal nachzufragen, wie die Frau sich fühle oder ob in diesem Haushalt ein Staubsauger existiere? Wie so ein Typ einfach völlig verantwortungslos fast täglich die Mutter besuche, während sie mit zwei kleinen Kindern und dem Job versuche, gerade noch irgendwie den Alltag am Laufen zu halten? Eben! Davon hätte ich ja keine Ahnung mit meinem Alex, den die eigene Mutter wohl zu einem Menschen erzogen hätte, der auch für eine Familie Verantwortung übernimmt.

Ich schweige betreten, weil ich mich allzu gut an die Zeit mit zwei Kleinkindern bei uns erinnere und bis heute im Grunde genommen nicht weiß, wieso unsere Beziehung die damals plötzlich einsetzende Komplettamnesie meines Mannes bezüglich aller Dinge, die einen Familienhaushalt am Laufen halten, überlebte. Ich kann mich nur noch daran erinnern, dass er verdattert am Telefon vom Büro aus nachfragte: »Windeln mitbringen, warum?« Und wie ich entgegnete: »Weil wir zwei Wickelkinder haben!«

Was sonst noch zu dieser Zeit los war, kann nicht mal in meinem Tagebuch stehen, weil ich damals keine Zeit mehr hatte, dieses zu führen. Eine abstrakte Erinnerung ist noch da, wie an die Entbindungsschmerzen. Es tat verdammt weh, unerträglich weh, ja, das weiß ich noch, aber wie genau, verblasste in meiner Erinnerung immer mehr. Was ich auch noch weiß: Überstunden musste mein Mann damals schieben, unglaublich! Was für ein saudummer Zufall, ausgerechnet, als die Kinder so klein waren damals! Wo ich ihn so sehr wie nie gebraucht hätte! Aber nein, just zu dieser Zeit forderte der Chef alles von ihm und zwang ihn dazu, im Büro zu bleiben, während Alex doch liebend gerne früher zu uns nach Hause gekommen wäre, um die Windeln zu wechseln und die ganze Anstrengung mit mir zu teilen, da bin ich mir ganz, ganz sicher, aber so was von. Vermutlich leidet er heute noch unter diesen Jobanforderungen, und sollte er eines Tages mal einen Burn-out bekommen wie so viele seiner Kollegen, dann wird es sicher auch mit daran liegen. Was hat er damals alles mitmachen müssen! Im Büro verschluckt, während die Frau die Säuglingszeit bei der intellektuellen Herausforderung des ständigen Fütterns und Windelwechselns hemmungslos genießen durfte! Mein armer Mann! Bitte bemitleiden Sie ihn gebührend!

»Also bei uns war das auch nicht immer einfach«, erkläre ich schließlich.

Die Typen neben uns haben den Satz offenbar gehört, denn sie wenden sich deutlich ab. Auf Problemgespräche der weiblichen Art haben auch diese Männer seltsamerweise eher weniger Bock.

»Nicht einfach?«, wendet Dorothee empört ein. »Darum geht es nicht! Das war einfach nicht auszuhalten. Obwohl Marcus ja ein toller Typ war. Aber die Schwiegermutter funkte so was von dazwischen!«

»Jetzt hör mal!«, entgegne ich. Mit so simplen Schuldzuweisungen nervt mich die Freundin. »Wenn er bis zwölf gepennt hat, während dich die Kinder um fünf Uhr aus dem Bett getrieben haben, kannst du ja schlecht seiner Mutter vorwerfen, dass sie ihm nicht den Wecker gestellt hat.«

»Doch!«, erklärt Dorothee renitent.

Die Typen neben uns am Biergartentisch trinken schnell

aus und verabschieden sich mit einem aufgesetzten Lächeln. Wir haben gerade erfolgreich Dorothees potenzielle Beziehung Nummer 88 verhindert.

»Die hat jeden Tag angerufen, mindestens einmal, und mir erklärt, was sie eben dem Marcus erklärt hätte, nämlich wie wir die Kinder möglichst gesund ernähren müssten. Zuerst hat sie ihm stundenlang geschildert, was ich als Stillende zu essen hätte und was nicht. Als sie dann erfahren hat, dass ich auf Flasche und Brei umgestiegen bin, hat sie sich so darüber aufgeregt, weil das aus ihrer Sicht zu früh war, sodass Marcus sogar Probleme mit seinem Chef bekam, weil er nur noch privat telefonierte. Sein Chef würde zwar verstehen, dass es mit zwei kleinen Kindern daheim nicht einfach sei, aber alles hätte seine Grenzen. Da erklärte die Schwiegermutter beispielsweise eine geschlagene Stunde, wie nützlich ein Esslöffel Olivenöl täglich im Essen sei. Dorothee müsse das unbedingt verwenden, wenn ihr die Gesundheit der Familie auch nur ansatzweise am Herzen liege.

Dorothee nimmt wieder einen tiefen Schluck vom Bier.

»Und dabei …«, sie blickt mich fest an, ehe sie fortfährt, »magerte die Kuh gleichzeitig selbst so ab, dass sich Marcus ernsthaft Sorgen um sie machte und sie deshalb jeden Tag besuchte, nach dem Büro, bevor er zurück zu uns kam. Stell dir das mal vor, unter dem Deckmäntelchen, sich um die Enkelkinder zu sorgen, nimmt die Schwiegermutter den frischgebackenen Vater so in Beschlag, dass der keine Zeit mehr für die Kleinfamilie hat, selbst wenn er gewollt hätte.«

Okay, ich verstehe, dass dies ein anderes Kaliber ist als die normale Büroflucht junger Familienväter. »Ganz schön egozentrisch«, bemerke ich.

Dorothee nickt. »Und aus der Nummer kam ich nicht mehr raus. Du kannst doch kein Theater machen, wenn die Schwiegermutter, die unter widrigsten Umständen alleinerziehend deinen Mann aufgezogen hat, sich so um die Familie sorgt, dass es ihr dabei immer schlechter geht.«

»Das ist moralische Erpressung vom Feinsten«, fällt mir dazu ein.

»Als er Vater wurde, wollte die Schwiegermutter Marcus wieder zum Kind machen, um sich dafür bestätigt zu fühlen, dass sie nicht bei ihrem Mann geblieben ist, sondern lieber alleinerziehend alles durchgezogen hat.«

»Steile These«, sage ich. »Freud pur.«

Dorothee lacht. »Stimmt genau! Und jetzt kannst du zu Recht fragen, warum ich alleinerziehend bin.« Sie trinkt ihr Bier aus, ist sichtlich beschwipst. »Soll ich noch eins holen für uns?«

»Zwei!«, rufe ich.

Am nächsten Abend stehe ich gerade am Herd und koche Gulasch, als meine Schwiegermutter anruft und Alex mit ihr gefühlte zwei Stunden spricht. Nachdem er endlich aufgelegt hat, kommt er zu mir und gibt weiter, dass seine Mutter uns dringend vor zu salzreicher Ernährung warnen möchte. Mit zu viel Salz könne man eine ganze Familie vergiften. Stünde alles in der *Süddeutschen Zeitung*, einem Blatt, das seine Mutter im Gegensatz zu uns regelmäßig läse. Schwarz auf weiß. Wie gut, dass seine Mutter ihn darauf aufmerksam gemacht hat! Sollte ich bereits zu viel Salz ins Gulasch gegeben haben, sollte ich doch lieber noch mal überlegen, ob ich das Fleisch nicht besser wegwerfe und wir uns eine Pizza kommen lassen. Gott sei Dank gäbe es seine Mutter, die auch im hohen Alter noch so fit wäre, uns wichtige Warnungen zukommen zu lassen, denn

sie läse ja regelmäßig diese Zeitung, die ich ja – nun ja –
nach einigen Debatten abbestellt habe.

Ich sage *nicht:* Dann zieh halt wieder zu deiner Mutter
und lies dort regelmäßig diese Zeitung, die ebenso wie alle
anderen jeden Tag zu einer »Gesundheitsmeldung« Alarm
schlägt, weil sie damit Auflage machen.

Ich sage auch *nicht:* Deine Mutter ist wie eine Personenwaage.

Und ich sage *ebenso wenig:* Bisher haben wir noch immer alle mein Gulasch überlebt.

Ich starre stattdessen auf das Fleisch im Topf, zu dem
ich vergessen habe, Salz zuzugeben. Kümmel, fein gemah-
len (sonst isst Eva das nicht), Paprika und Majoran sind
drin – aber eben kein Salz.

Ich denke an gestern, den Ausklang des Abends im Biergarten mit Dorothee. Schön war das noch, so zu sitzen, zu
plaudern, andere Typen kamen noch dazu, und wir kamen
auf des Pudels Kern zu sprechen.

Dorothee meinte: »Kommt sich ja jede blöd vor, die
Schwiegermutter doof zu finden. Wir sind doch alle frauen-
bewegt, schwesterlich-solidarisch und verstehen wie keine
Generation vor uns, welche Schwierigkeiten eine Alleiner-
ziehende anno 1965 hatte. Wie kann eine Frau wie ich dann
nur was gegen die Mama vom Mann haben? Das macht es
so schwer, sich gegen diese Übergriffe zu wehren.«

Auch die potenziellen Beziehungspartner Nummer 88
nickten dazu.

»Schwiegermutter-Bashing ist so was von out«, meinte
der eine. »Mach mal einen Witz darüber, und du bist so
was von sozial draußen. Ich komm mit meiner zwar gut
klar, aber Himmel hilf, wenn es anders wäre.«

»Ich kann die meiner Ex auch auf den Tod nicht ausstehen«, meinte der andere Typ und führte noch ein paar Erlebnisse aus, die Dorothee offenbar eins zu eins auch kannte, weshalb beide schließlich zu einer genaueren Vertiefung des Themas urplötzlich aufbrechen mussten. Morgens auf dem iPhone sah ich nur die kryptische Nachricht von Dorothee: »88 ☺«.

Nun denn. Dann werde ich mal das Salzen meines Gulaschs nachholen. Vorher aber werde ich es zweiteilen. Da meine Schwiegermutter in unmittelbarer Nähe wohnt und wir beziehungsweise mein Mann ihr immer einen »Seniorenteller« vorbeibringt, damit die arme Frau nicht kochen muss, weiß ich auch schon genau, welche Menge an Salz in welchen Teil des Essens kommt. Aber Moment! Da taucht so ein Schlechtes-Gewissen-Monster auf und fragt: »Und wenn du selbst mal eine Schwiegermutter wirst? Du kannst ja nicht im Ernst davon ausgehen, dass bei dir dann alles anders wird und die Frau deines Sohnes deine Tipps megacool findet oder täglich anruft, um sich von dir beraten zu lassen!«

Herrje, überlege ich unschlüssig mit dem Salz in der Hand. Wenn alles gut geht, findet mein Sohn einmal eine passende Frau und meine Tochter einen passenden Mann. Aber wenn ich jetzt schon so gemein gegenüber der eigenen Schwiegermutter bin, als was für ein Monster werde ich dann erst enden? Ich stelle das Salz wieder in den Küchenschrank zurück und freue mich darüber, was für ein edler Mensch ich doch sein kann, wenn ich nur will.

Am übernächsten Tag ruft meine Schwiegermutter an, bedankt sich für das Gulasch und meint: »Zu viel Salz ist ja nun wirklich schädlich, aber so ganz ohne Salz schmeckt dann ein Gericht auch nicht. Hast du das vielleicht vergessen? Kind, denk doch auch ein wenig daran, dass es deiner Familie schmecken sollte!«

Kaum hat meine Schwiegermutter das ausgesprochen, weiß ich auch schon, wie der nächste »Seniorenteller«, den mein Mann ihr vorbeibringen wird, gewürzt sein wird. Das nennt man dann wohl: »Rache ist salzig«.

Wie die Karnickel

Ziemlich despektierlich heißt es über manche Paare: »Die vermehren sich wie die Karnickel!«

Würden wir natürlich niemals sagen! Außerdem sind Alex und ich auch ziemlich retro, weil der Trend ja sowieso wieder zu mehr als zwei Kindern geht. Also Paare, die es sich irgendwie leisten können, geben nicht mehr mit dem Statussymbol Bio-Olivenöl aus der Toskana an, sondern mit ihren vier Kids. Kinderreichtum als »Proll-Kennzeichen« war gestern. Heute ist: »Mir doch egal, wer sich ein Nobelessen in einem Münchner Sterne-Restaurant leisten kann oder will. Ich habe acht Kinder.«

Und wie das Leben so spielt, bekam ich gestern auch noch im O-Ton den gegenteiligen Trend zu hören. Leute, die wir bisweilen gemein und gemeinhin hinter vorgehaltener Hand als Prolls bezeichnen, saßen mir gestern im Bus gegenüber. Das Goldkettchen und die Aldi-Tüte unterhielten sich darüber, dass es ja so was von »asi« sei, mehr als ein Kind in die Welt zu setzen.

Da kann die Politik, speziell die Familienpolitik, tun und lassen, was sie will. Klar, weniger oder mehr Steuern oder mehr oder weniger Kitaplätze werden Entscheidungen zum Kinderkriegen beeinflussen. Aber einen Trend werden weder eine kinderlose Merkel noch eine Ursula von der Leyen mit sieben Kindern setzen können. Diese Art von Dynamik lässt sich nicht steuern, wie jeder Trend.

Fakt ist jedenfalls, dass Alex und ich mit dem Thema durch sind, egal wie wir nun bewerten, dass die Jüngeren teilweise wieder wie unsere Urgroßeltern Kinder als Statussymbol verstehen – so, wie sich unsere Großeltern wiederum als Zeichen der Besserstellung einen Mercedes anschafften.

Alex und ich sind nun in einem Alter, in dem wir bisweilen einfach bloß verblüfft dem Weltenlauf zusehen und feststellen, dass wir in anderer Hinsicht Karnickel sind – wir vermehren die Lesebrillen-Menge in der Wohnung wie verrückt. Überall lauern sie uns auf, im Schlafzimmer, im Wohnzimmer und im Badezimmer – weil Alex und ich ständig neue erstehen (kostet ja fast nichts), da wir unterwegs gerade keine dabeihaben oder die alten Lesebrillen irgendwo verlegt haben. Kaum haben wir aber neue erstanden, sehen wir plötzlich wieder überall die älteren Modelle herumliegen. Und neulich tauchte ein Exemplar sogar in einem der »Kinderzimmer« auf.

Alex und ich schworen uns aufs Leben und die Liebe, dass keiner von uns beiden die Sehhilfe dorthin verlegt hätte – beide glaubten wir es uns aber wohl trotzdem nicht so ganz, denn einer von uns beiden musste es ja gewesen sein. Bis dann einen Tag später beim Frühstück plötzlich eine fünfte Person auftauchte, die Lukas als die »Liebe des Lebens« vorstellte, und die junge Frau meinte: »Gut, dass hier überall Weitsichtbrillen herumliegen. Ich hab nämlich von Geburt an einen Sehfehler und kann Dinge in der Nähe nicht erkennen. Vermutlich habe ich deshalb auch mit Ihrem Sohn geschlafen, weil ich zu wenig erkannt habe. Hinterher musste ich mir allerdings eine Brille ausleihen und doch mal genauer hinschauen.«

Sagt die einfach so. Extrem trocken, ehe Lukas und sie in lautes Lachen ausbrechen. Mir fällt zuerst die Klappe runter – und dann bin ich begeistert. Hoffentlich bleibt Lukas bei dieser jungen Dame mit so viel Humor – und die beiden vermehren sich wie die Karnickel. Ich würde die glücklichste Oma auf der Welt!

Zauberformel

Das Leben lehrt uns, dass es Feen nur in Märchen gibt, gültige Formeln nur in der Mathematik und komplizierte Alltagsfragen wie »Warum wird der Kühlschrank immer so schnell dreckig?« niemals befriedigend beantwortet werden können.

Spätestens nach der ersten Menstruation, dem ersten Knutschen und Anbandeln oder dem tröstend gemeinten Satz der mütterlichen Freundin nach der ersten unglücklichen Verliebtheit (»Andere Mütter haben auch noch schöne Söhne«) fragen wir uns, was es mit der Liebe auf sich hat. Wir sehen Filme und schmachten. Wir lesen Romane und erahnen, wie es gehen könnte. Manche von uns lesen auch die Ratgeberliteratur rauf und runter und versuchen, ganz pragmatische Hilfestellungen zu finden. Müssen wir den gleichen Aszendenten haben, um glücklich miteinander zu werden? Gilt nun: »Gegensätze ziehen sich an«, oder: »Gleich und gleich gesellt sich gern«? Brauchen wir gemeinsame Interessen, oder sind diese bei gegenseitiger körperlicher Anziehung piepegal?

Und das sind nur die Fragen der Anfängerinnen. Kaum haben wir beschlossen, uns doch länger und ernsthafter auf einen Typen einzulassen, und ziehen womöglich mit ihm zusammen, geht es im Fortgeschrittenen-Level weiter mit den Fragen: Woher soll ich wissen, dass er der Richtige ist, wenn er mit einer Bohrmaschine in der Hand zum Berserker wird und mein vom Vater geerbtes Bild so windschief aufhängt? Wie kam ich nur auf die Idee, ihm die Bohrmaschine zu überlassen, wo ich doch selbst alles alleine machen kann und ihn eigentlich gar nicht brauche?

Und warum um Himmels willen vereinfacht mir dieser Mann mein Leben nicht und installiert einfach WLAN und so Zeug, das ich im Leben brauche, sondern legt sich stattdessen so lange mit der Telekom an, bis hier alle Leitungen tot sind?

Haben wir all diese Enttäuschungen erst einmal weggesteckt und verkraftet, beginnt die Profirunde der Beziehung, die meist schon zur Ehe mutierte, was es nicht einfacher macht.

Warum gibt es die Liebe, und wenn ja, nur die eine?, fragen wir uns da. Wie kam es nur, dass ich an diesen Kerl geraten bin? Und wie konnte es bloß passieren, dass ich aus Versehen zur Vollzeitleiterin eines kleinen Familienbetriebs geworden bin, samt lebenslänglicher Zuständigkeit für das alltägliche Kellerchaos? Hab ich Schizo oder was, dass ich bei ihm bleibe?

Kein Tag, keine Woche, kein Monat, kein Jahr, in dem nicht die Fragen auftauchen würden: Warum er? Und: Wie lange noch er? Und vor allem auch: Bin ich nicht völlig bescheuert, überhaupt diese Frage zu stellen?

Der Beziehungsstatus bei Facebook gehört um nicht noch mehr Geschlechterdifferenzierungen erweitert, sondern um »Verheiratet, aber es ist kompliziert« – diese Alternativen sollten sich nicht ausschließen.

Die Frage aller Fragen, die Frage, was Paare zusammenhält, taucht immer wieder auf. Egal ob sie nur kurz aufblitzt oder für Sie existenziell wichtig wird. Egal in welcher Phase der Beziehung oder Ehe Sie sich gerade befinden, ob gerade erst am Anfang oder schon in der Mitte – oder gar am Ende?

Schon die Höhlenmaler zeichneten Bilder von Paaren, die sich begegnen und wieder trennen. In einem alten

95

ägyptischen Grab sind Fresken von einem zankenden Ehepaar zu sehen. Und ich persönlich bin mir ganz sicher, dass die alten Griechen sowohl die Komödie wie auch die Tragödie erfunden haben, um wenigstens eine kleine Antwort auf die Frage zu erhalten: Was hat es mit der Liebe auf sich?

Um 1900 kam Professor Freud mit der Psychologie und stellte die Frage nach der Liebe mit anderen Ansätzen noch einmal neu. Er brachte bis dahin nicht gekannte Aspekte ins Spiel – führen uns frühkindliche Prägungen zu einem Partner?

Auch die Biologie und Chemie suchten Erklärungsansätze für die Liebe – paaren wir uns nur zur Fortpflanzung und »erfinden« die Gefühle nur dazu? Viele Erklärungsansätze, viele gute Ideen, viele Wahrheiten drin – aber jede Richtung beleuchtet nur einen Teilaspekt. Alles könnte natürlich auch ganz anders sein! Also: Warum lieben wir überhaupt?

Und so fragen wir wie eh und je: Was hat es mit der Liebe auf sich? Wir fliegen zum Mond, erfinden Smartphones und lassen Mixer für uns die Sahne steif schlagen.

Aber die Frage aller Fragen überlassen wir Schmachtfetzen wie der »Titanic«, die vor knapp 100 Jahren noch »Vom Winde verweht« hieß. Die Menschheitsgeschichte im Großen ähnelt der kleinen zwischen meinem Mann und mir: Er kann zwar die Bundesligaergebnisse von vor 45 Jahren rückwärts auswendig aufsagen, aber zugleich ist er außerstande, eine Waschmaschine zu bedienen, die Begründung lautet: »Das kann ich einfach nicht.« Und wenn ich ihn frage: »Warum liebst du mich?«, kommt die argumentativ höchst beeindruckende Aussage: »Weil ich es einfach tue.«

Aber vielleicht geht das 21. Jahrhundert mit all seinen

Forschern einmal in die Annalen der Menschheitsgeschichte ein als das Jahrhundert, in dem wir dieses ultimative Rätsel um die Liebe endgültig gelöst haben.

Hier kommt nun die ultimative Formel dafür, wie Ihre Liebe und Ihre Beziehung und Ihre Ehe gelingt – echt jetzt. Wissenschaftler haben nämlich in vielen verschiedenen Studien und Tests einiges herausgefunden. Sie befassten sich mit Fragen wie: Warum bleiben die einen Beziehungen bestehen und die anderen nicht? Was ist das Geheimnis einer glücklichen Beziehung?

Die Antwort ist so verblüffend einfach, dass sie niemals gebührend in einem Film, Theaterstück oder Roman abgehandelt werden kann, denn jedes Werk würde so nach spätestens fünf Minuten enden – und worüber sollten Autoren dann sonst noch schreiben?

Das ist die Antwort: Alles ist gut, wenn SIE glücklich ist.

Völlig ungeachtet von Milieus, Ländern, Alter der Partner und sonstigen Komponenten gilt die einfache Zauberformel: Eine Beziehung oder Ehe gelingt immer dann, wenn die Frau glücklich ist. Der Gefühlszustand des Mannes spielt kurioserweise keinerlei Rolle im Hinblick auf eine langfristige Beziehung. Es ist völlig irrelevant, ob er morgens fröhlich die Blumen gießt und Ihnen als Frohnatur Kaffee ans Bett bringt. Er kann auch ebenso gut mit einer depressiven Verstimmung wochenlang im Bett liegen oder Sie mit seinem Dauergrant belästigen. Entscheidend ist nur, ob Sie sich glücklich fühlen oder nicht – das ist alles. So ganz einfach ist alles. Wenn Sie glücklich sind, werden Sie auch eine glückliche Beziehung führen, die lange hält.

Ist das nicht eine frohe Botschaft? Wir Frauen müssen uns nur darum kümmern, selbst glücklich zu werden.

Dann werden wir auch mit einem Mann glücklich – und falls nicht, falls der Typ also ein Flop ist und wir uns deshalb trennen, geht es uns auch gut, weil wir ja glücklich sein wollen und nicht im Fokus haben, nur mit *ihm* glücklich zu werden.

Liebe Frauen, liebe Leserinnen, wir haben es geschafft! Wir sind wahrlich emanzipiert. Wir haben *die* Zauberformel gefunden. Sie lautet ganz einfach:

IMGS = Ich muss glücklich sein.

Wen würden Sie wählen?
Trump oder Macron?

Stellen Sie sich einmal vor, die beiden Politiker Donald Trump und Emmanuel Macron würden in Deutschland zu einer Stichwahl antreten und um Ihre Stimme kämpfen. Bei wem würden Sie Ihr Kreuzchen setzen?

Ganz jenseits von politischen Inhalten bin ich davon überzeugt, dass wir Europäerinnen und die Leserinnen hier zu 90 Prozent für Macron stimmen würden.

Die beiden Politiker Donald Trump und Emmanuel Macron könnten nicht unterschiedlicher sein. Kühl und intellektuell der eine – höchst impulsiv und volksnah der andere. Das eigene Land in den Vordergrund rückend der eine – für eine europäische Gemeinschaft kämpfend der andere. Der eine ein Philosoph, der andere ein Immobilienmilliardär. Und doch macht das alles für mich nicht den entscheidenden Unterschied, sondern etwas ganz anderes.

Die beiden mächtigen Politiker sind jeweils mit einer Frau verheiratet, zu der ein gewaltiger Altersunterschied besteht. Die First Lady im Weißen Haus ist 24 Jahre jünger als der US-Präsident. Brigitte Macron ist wiederum 24 Jahre älter als der französische Präsident. Und übrigens können auch die beiden Frauen kaum unterschiedlicher sein. Die eine spritzt ihren Körper perfekt auf – die andere trägt selbstbewusst ihre Falten »zur Schau«. Eigentlich möchte ich ja weder das eine noch das andere werten, sondern nur feststellen, wie unterschiedlich das alles sein kann – aber in diesem Fall gelingt mir das nicht.

Macron ist mir, jetzt mal ganz jenseits von allen politischen Inhalten, so viel sympathischer mit seiner Brigitte als Donald Trump mit seiner Melania. Der französische Staatschef pfeift auf jugendliche Schönheit, Brigitte auf Schönheits-OPs, und beide stehen zu ihrer Liebe. Trump hingegen verließ seine erste Frau, heiratete erneut und ging schließlich mit einer so deutlich Jüngeren wie Melania noch eine dritte Ehe ein. Ganz nach dem machohaften »Beuteschema« nahm Trump sich ein Weibchen, das seine Tochter sein könnte, und macht dadurch deutlich, dass es ihm um das Äußere geht, nicht das Hirn oder den Charakter. Damit ist er natürlich nicht alleine.

Denn in meiner Sichtweise auf Trump oder Macron kommt noch etwas anderes hinzu – nämlich jene »Härtefälle«, die ich mittlerweile schon gehäuft in meiner nächsten Umgebung miterleben musste. Ich meine den Klassiker: *Er* hat *sie* wegen einer Jüngeren verlassen.

Es gibt nur eine noch tiefere Verletzung für eine Ü-40-Frau, als dass der Mann plötzlich eine andere hat – er hat eine andere, die auch noch jünger ist. Schon alleine bei dem Gedanken daran, Alex könnte mich wegen einer Jüngeren mit pralleren Rundungen verlassen, treibt es meinen Puls auf 180. Ich glaube, in so einem Fall würde ich alle zivilisatorischen Standards vergessen und laut schreiend auf die Straße rennen, um alle zu informieren: Diese Drecksau hat eine Schlampe!

Selbst wenn unsere Ehe am Ende wäre und die Ratio sagen würde: Okay, es war schon lange nichts mehr zwischen uns, würde es mich zutiefst treffen, wenn er zu einer Jüngeren und nicht zu einer Gleichaltrigen wechseln würde.

Deshalb bewundere ich auch aufrichtig alle Frauen, die überlebt haben, was doch so häufig vorkommt – so häufig, dass jede dieses Szenario sofort unter »Klassiker« versteht.

Und deshalb ist Macron unser Held, denn er rächt stellvertretend für uns Frauen den »Klassiker«. Wenn es nach mir ginge, würde künftig auf den Wahlzetteln nicht mehr eine Partei stellvertretend für deren Inhalte stehen. Also nicht mehr »CDU«, »FDP« oder »Linke«, sondern hinter dem Namen des Kandidaten ein Plus oder Minus mit einer Zahl. Trump bekäme −24 (also Abzug der Jahre zu Melania), Macron hingegen +24 (Differenz seines Alters zu dem seiner Frau). Dann wüssten wir Frauen gleich Bescheid.

Alles, auch die ganze Politik könnte so einfach sein, würde man nur auf erfahrene Ehefrauen hören!

Einkaufen für Fortgeschrittene

Wenn mir eine Fee einen freien Wunsch schenken würde, dann wüsste ich sofort, was ich nehmen würde: Ich würde mir wünschen, mein Mann und ich würden zu Bonnie und Clyde. Erstens wären wir dann wieder jung, zweitens wäre unser Leben wesentlich aufregender, und drittens würden wir ganz, ganz anders einkaufen. Also schnell mal in eine Bank rein und rufen: »Geld her!« Und mit diesem Geld würden wir dann in Restaurants gehen und speisen.

Das wäre eine super Lösung für unser Problem mit der Vorratshaltung!

»Vorratshaltung« – was für ein Wort! Mit 20 hätte ich jeden, der das Wort auch nur ernsthaft ausgesprochen hätte, zum Oberspießer erklärt. Mit 25 fiel es für mich immer noch unter die Abteilung »mega-uncool«, aber so ab 30 begann diese Aversion zu bröckeln. Und ehe ich mich nun versehe, lande ich jeden zweiten Freitag mit meinem Mann im Einkaufszentrum, um Vorräte einzukaufen.

Mir ist schon klar, wie privilegiert ich eigentlich bin. Andere Männer sehen regelmäßig nur Büros, Fußballstadien oder Getränkemärkte von innen. Es ist natürlich wunderschön, dass mein Mann sich auch um die Ernährung unserer Familie sorgt und darauf achtet, dass uns die ständig drohenden Katastrophen nicht unvorbereitet überrollen. Stellen Sie sich bloß mal vor, morgen erstickt Hamburg unter Schneelawinen, Berlin wird von einem Vulkanausbruch heimgesucht oder München von einem Tsunami verwüstet? Eben! Nicht auszudenken. Wie gut, wenn wir dann 67 Dosen Thunfisch, 45 Nudelpackungen und 14 Senftuben daheim haben. Von Bier spreche ich jetzt nicht, denn, das muss ich gerechterweise hinzufügen: Wenn wir einen Großeinkauf machen, geht es meinem Mann nicht zuerst um sein Bier. Das nimmt er zwar auch mit, aber in erster Linie denkt er wirklich daran, dass das Pesto für Eva (acht Gläser!) oder die Schokolade für Lukas (zwölf Tafeln!) zur Neige gehen könnten.

Und ich komme jetzt daher und beschwere mich darüber, dass mein Mann für die Familie sorgt? Probleme haben die Leute heutzutage aber auch, ich sag es Ihnen!

Deshalb habe ich auch rund zwei Jahre nichts gesagt. Also seit den zwei Jahren, in denen wir regelmäßig an jedem zweiten Freitag ins Einkaufszentrum fahren. Aber irgendwann ist bei jedem Thema ein Punkt erreicht, bei dem frau nicht mehr schweigen kann. Der Punkt ist unsere Wohnung. Wir wohnen in München. In München ist Wohnraum extrem teuer, und deshalb haben wir keine Speisekammer, und unser Kühlschrank hat eine natürliche Aufnahmeobergrenze. Heißt nichts anderes, als dass ich bei uns beim besten Willen keine 48 Tomatendosen, 10 Liter Olivenöl, 28 Packungen Chips, 12 Tafeln Schokolade, 8 Gläser Pesto, 100 Packungen Pasta und 7 Kästen Bier mehr verstauen kann, ohne den Inhalt meines Kleiderschrankes zu verkaufen.

Jede Frau wird diese Aussicht sofort den Atem stocken lassen, wohingegen ich davon überzeugt bin, dass jeder Mann, der diese Zeilen liest, die Augenbrauen hochziehen wird, um sich zu fragen, was ich nun eigentlich meine.

Was ich eigentlich meine: Diese völlig übertriebene Vorratshaltung geht mir extrem auf meinen nicht vorhandenen Sack, denn ich bin Stunden damit beschäftigt, das ganze Zeug, das mein Mann unbedingt im günstigen Vorratspack einkaufen muss, zu verstauen! Was waren das noch für goldene Zeiten, als er vom Büro verschluckt war und mir Kinder und Haushalt komplett alleine überlassen hat, weil er sich vor jeder Windel und jedem Wäscheberg erfolgreich drückte! Mit zwei Wickelkindern habe ich so eingekauft, dass »Verstauen« kein Thema war, weil ich ungefähr abschätzen konnte, was unsere Familie in zwei Wochen so konsumiert. Die Lebensmittelbesorgungen mit den zwei Kids waren zwar eine sportliche Herausforderung, weil der Einkaufswagen mit zwei so lebendigen Kindern stets nur auf der Mittelspur zu befahren war, damit Lukas und Eva die anliegenden Regale nicht ausräumten, aber die Ankunft daheim schließlich war superchillig. Einfach mal so die Lebensmittel an den Ort räumen, an den sie gehören – und genügend Platz dafür haben!

Tja. Das waren noch Zeiten. Heute kaufe ich mit meinem Mann eine Stunde im Supermarkt ein (Er: Ich hab nicht ewig Zeit, das machen wir schnell) und verräume hinterher gefühlt drei Stunden Minimum die »Beute«. Irgendwas an dieser Bilanz stimmt da nicht so ganz.

Ich nehme mir vor, meinen Mann darauf pädagogisch wertvoll anzusprechen, und verwirkliche meinen Plan schon bei der nächsten Gelegenheit, am Freitag, im Supermarkt, vor dem Nudel-Regal.

»Liebling, meinst du nicht, es ist übertrieben, gleich so viele Nudelpackungen mitzunehmen?«

»Nein!«

»Liebling, wir brauchen nicht so viele Nudelpackungen, ich hab extra zu Hause noch mal nachgesehen, es ist noch genügend da, wir …«

»Die sind im Angebot! Die müssen wir nehmen!«

»Alex! So geht das nicht! Ich kann das ganze Zeug nicht mehr verstauen daheim!«

»Ach, das geht schon! Du bist doch ein Weltmeister in der guten Organisation!«

»Nein! Gute Organisation heißt auch, nicht alles zuzumüllen so wie du!«

»Was bist du aber auch garstig, wenn ich an unsere Kinder denke und daran, dass für sie genügend zu essen vorrätig ist! Denk doch auch mal an die anderen!«

»Alex! Wenn du jetzt noch eine einzige Nudelpackung mehr in den Wagen legst, verlasse ich sofort den Laden!«

»Schatz, was ist denn plötzlich in dich gefahren? Haben wir ein Problem?«

Sie sehen schon – manchmal ist es komplett sinnlos, zu argumentieren. Manchmal helfen nur Drohungen. Das männliche Gehirn scheint bisweilen nur diese Art von Sprache des »Entweder ich fresse dich oder du mich« zu verstehen.

»Du meinst, ich soll nur *einen* schwarzen Tee und nicht mehr nehmen?«, fragt mein Mann ein paar Meter weiter.

Was ist denn mit dem los? Hat er wirklich plötzlich verstanden, was mich seit zwei Jahren so nervt?

Sogar bei den Orangen fragt er noch mal fast schüchtern nach. »Nur drei, oder? Keine ganze Steige?« Ich nicke fassungslos und verstehe die Welt nicht mehr – genügt eine einzige Drohung, und mein Mann ist plötzlich wie ausgetauscht? Warum hab ich bloß früher nichts gesagt?

An der Kasse meint die freundliche Dame in unserem Alter: »Heute haben Sie aber deutlich weniger als sonst.«

Mein Mann lächelt die Kassiererin an und nickt. Dann behauptet er zu meiner Verblüffung, dass ein richtiger Einkauf ja nur eine Frage der guten Organisation wäre. Schließlich lebten wir in München und hätten nicht allen Platz der Welt für Vorratshaltung. Ich traue meinen Ohren nicht.

Daheim traue ich meinen Augen nicht. Ich stelle fest, dass einzelne Posten unseres Einkaufszettels wie Joghurt, Sahne und eine Minispinatpackung über das unerhörte Geschehen der Einsicht meines Mannes im Supermarkt einfach vergessen wurden.

Morgen werden Lukas und Eva verhungern! Und ich bin dann daran schuld!

Lieber würde ich mir aber auf die Zunge beißen, als zuzugeben, dass wir nun statt zu viel plötzlich zu wenig eingekauft haben. Da fahre ich am nächsten Morgen lieber noch mal extra schnell zum Einkaufen und schleuse das Zeug heimlich in den Kühlschrank. Bloß keinen Fehler zugeben! Er muss sehen, dass mein System einfach viel besser als seins funktioniert.

Zwei friedliche Wochen leben wir so weiter, ohne dass ein Familienmitglied verhungert. Wir können sogar noch Gäste versorgen und der Nachbarin fehlenden Reis ausleihen. Dann fahren wir wieder ins Einkaufszentrum.

»Schau, der Balsamico ist im Angebot, da nehmen wir gleich fünf! Und der Ajvar! Endlich haben sie den Ajvar wieder vorrätig!«

Mein Mann packt zehn Dosen in den Einkaufswagen.

Ich traue meinen Augen und Ohren nicht. »Alex!«, setze ich vorsichtig an. »Wir wollten doch jetzt immer gezielter einkaufen. Also weniger.«

»Wieso?«, fragt Alex mit großen Augen. »Wir haben doch jetzt wieder Platz zu Hause!«

Ganz normale Störungen

Ein alter jüdischer Witz geht so: Trifft ein Lahmer einen Blinden. Sagt der Lahme zum Blinden: »Na, wie geht's?« Antwortet der Blinde: »Wie du siehst.«

Mich erinnert dieser Witz an Alex und mich. Wir haben zwar beide keine schwere Behinderung, aber wahlweise unterstelle ich meinem Mann oder mir erhebliche Mankos.

Die Rede ist hier nicht von bestimmten liebevollen Bezeichnungen, wie sie in den besten Familien vorkommen. »Arschloch« habe ich ihm schon einmal wütend hinterhergeschleudert. »Zwiderwurz« nannte mich mein Mann im tiefsten Bayerisch auch schon mal in einem Streit. Beliebte Stimmungskiller bei Paaren sind auch Sätze wie: »Sei doch nicht so grantig«, oder: »Kannst du nicht *einmal* freundlicher sein?« Dem Partner oder der Partnerin eine Gefühlslage zu unterstellen, die meist nicht zutrifft, erhöht den Spaßfaktor zu zweit erheblich!

Dabei wird jedoch noch mit offenen Karten gespielt. Deutlich heimtückischer – wie ein schleichendes Gift – wirken die heimlichen, psychologischen Unterstellungen, die wir meist nicht aussprechen.

Was hab ich Alex schon alles innerlich angedichtet:

- Wenn er abends die Wäsche für den nächsten Tag herrichtet, hab ich mir schon oft gedacht: Der Typ ist doch zwanghaft!
- Weil Alex zu einem Familientreffen nicht mitgekommen ist, urteilte ich: Der hat doch eine Sozialphobie.
- Wenn Alex morgens nicht für die damals kleinen Kinder aufgestanden ist, zog ich den Schluss: Der Mann ist doch depressiv!

- Wenn Alex heute die großen Kinder verabschiedet und jedes Mal sagt: »Zieh dich warm an und pass auf!«, unterstelle ich ihm ein angstgesteuertes Verhalten.
- Wenn mein Mann aufgeschrien hat, weil er vergessen hat, Bier zum Fußballspiel einzukaufen – da überlegte ich schon, ob er vielleicht ein suchtkranker Alkoholiker ist oder ob die Panikattacken jetzt ihren Lauf nehmen.

Selbstverständlich gibt es das alles im klinischen Sinn: Depressionen, Angststörungen, Panikattacken und schlimme Sozialphobien. Das Leiden der Betroffenen soll hier nicht kleingeredet werden. Aber jenseits dieser tatsächlichen Krankheiten neigen wir immer mehr dazu, beim Partner eine Neurose oder eine sonstige Störung zu vermuten, wenn er Dinge tut, die uns nicht gefallen. Statt dass ich gedacht habe: »Was für ein fauler Sack ist Alex!« (wenn er nicht für die Kinder aufstand) oder »Wie unhöflich ist dieser Mensch!« (wenn er zum Familienfest nicht mitkam) oder »Der Kerl ist einfach ein Pedant!« (wenn er die Küchenschublade so genau einräumte) oder »Er ist ein liebevoller Vater!« (wenn er die großen Kindern mit Anziehempfehlungen verabschiedet) oder »Gut, dass mein Gatte Hobbys hat wie Fußball gucken« – statt alldem neige ich dazu, Alex ein Manko, eine Störung oder ein Defizit zu unterstellen.

Diese Tatsache wird wiederum nur davon getoppt, dass ich mit mir selbst noch härter ins Gericht gehe. Wahlweise hab ich schon gedacht: »Du hast ein Helfersyndrom, weil du bei diesem Mann bleibst«, oder: »Mein Vater muss eigentlich heftige Neurosen haben, weil ich mir so einen Partner suchte; bei mir muss eine frühkindliche Störung oder irgendwas mit Ödipus-Komplex vorliegen!«, oder auch: »Ich leide wohl unter einen furchtbaren Angststörung, weil ich mich nicht traue, diesen Kerl vor die Tür zu setzen.«

Das schleichende Gift einer Partnerschaft sind nicht offene Streitereien, sondern diese Psycho-Unterstellungen. Denn damit entschuldigen wir einerseits ein Verhalten, und andererseits betrachten wir den Partner oder uns selbst damit nicht als vollwertig, sondern als »krank«. Wir sehen uns nicht mehr als Menschen mit bestimmten Charaktereigenschaften, sondern als welche mit »Manko«. Und damit werten wir uns selbst klein – und fertig.

Laut meiner Psychologen-Freundin Kikki liegen wir damit voll im Trend – sie sagt, immer mehr Menschen werten sich und den Partner innerlich mit irgendeiner Psycho-Unterstellung ab. Die Ratgeberliteratur und die Psychologen redeten uns ein, defizitär zu sein, weil das ein Riesengeschäftszweig sei, der so harmlos als »helfend« daherkomme und doch in Wahrheit nur ein Eigeninteresse der »Therapiegesellschaft« verfolge: »Du bist nicht okay, aber ich kann dir helfen!« Diese kritischen Wort sagt Kikki, die selbst eine Praxis hat! »Gestört sind bei den meisten doch nur die Psycho-Unterstellungen, die dann nicht mehr zu einem handfesten Ehekrach führen.« Kikki muss es wissen. Überspitzt formulierte es der Schriftsteller Karl Kraus so: »Die Psychoanalyse ist jene Geisteskrankheit, für deren Therapie sie sich hält.«

Okay, Alex, zieh dich mal warm an! Aber nicht, damit du dich nicht erkältest, wie du das zärtlich beim Nachwuchs verhindern willst, sondern weil ich dir und mir ab sofort nichts mehr entschuldigend unterstelle. Ich werde ganz ohne Psycho Tacheles reden, und die Lautstärke könnte dir so gar nicht gefallen, du fauler, unhöflicher, pedantischer Sack!

Rezept für eine Hochzeitssuppe

Zutaten:
- grenzenloses Vertrauen in Mitmenschen
- unerschütterlicher Optimismus
- Risikofreude
- gesundes Selbstbewusstsein
- Konfliktbereitschaft

Sowie: ein Mann Ihrer Wahl

Vorbereitung:
Fangen Sie schon in Ihrer Kindheit an, folgende Zutaten zu sammeln: grenzenloses Vertrauen in die Mitmenschen, unerschütterlichen Optimismus, kalkulierte Risikofreude, gesundes Selbstbewusstsein und sanfte Konfliktbereitschaft.

Das sind sozusagen die Basics. Denn wie jeder gute Koch und jede gute Köchin wissen, kann ein Gericht nur immer so gut werden wie die Ingredienzen, die es enthält. »Jedes gute Essen fängt beim Einkauf an.« Kein noch so guter Hightechherd, kein Markentopf und kein exquisites Bratöl können ausgleichen, wenn die Bohnen nicht mehr knackig, das Fleisch nicht gut abgehangen oder der Parmesan nicht frisch importiert ist. Es ist wahrlich vergebene Liebesmühe, aus einem verwelkten Salat, schlechtem Fleisch oder billigem Ersatzkäse ein gutes Menü zaubern zu wollen. Entsprechend sollten Sie schon in frühester Kindheit damit beginnen, die oben erwähnten Zutaten für eine Hochzeitssuppe zu hegen.

Sollten Sie im Laufe der Kindheit feststellen, sich im völlig falschen Haushalt eingenistet und also von Ihren Eltern nur unzureichend die oben genannten Zutaten mit auf den Weg bekommen zu haben, verzagen Sie nicht! Sie haben immer noch die Chance, entscheidende Kurskorrekturen vorzunehmen. Streiten sich beispielsweise Ihre Eltern ständig, nehmen Sie sich diese nicht zum Vorbild, sondern versuchen Sie, daraus Ihre Lehren zu ziehen, und üben Sie sich schon heimlich im Äußern konstruktiver Kritik. Schreien Sie vice versa Ihre Eltern nicht an: »Hört endlich auf zu streiten!«, sondern bitten Sie höflich, aber bestimmt darum, dass Mama und Papa doch bitte die jeweiligen Konflikte in einem ruhigen Gespräch lösen sollten.

Oder, ein anderes Beispiel: Trennen sich Ihre Eltern nach vielen Streitereien, übernehmen Sie nicht automatisch dieses Lösungsmodell für Konflikte.

Eignen Sie sich auf jeden Fall schon vor der Pubertät diplomatisches Geschick an und üben Sie sich darin! Knallen Sie als Teenager niemals wütend die Tür hinter sich zu, sondern lernen Sie, in ganzen Sätzen zu sprechen: »Alter! Ich versteh dich ja. Aber du machst dir zu viele Sorgen und greifst deshalb in meine Autonomie ein, die ich gerade lernen muss, um erwachsen zu werden.«

Beherzigen Sie auch schon rechtzeitig das Motto der Anonymen Alkoholiker: »Gott gebe mir die Kraft, die Dinge zu ändern, die ich ändern kann, die Dinge hinzunehmen, die ich nicht ändern kann – sowie die Weisheit, eins vom anderen zu unterscheiden.«

Derart vorbereit haben Sie dann schon mal alle wesentlichen Grundzutaten für eine perfekte Hochzeitssuppe beieinander – eine unerschütterliche psychische Stabilität.

Zubereitung:
Überlegen Sie nicht lange, heiraten Sie einfach einen Mann Ihrer Wahl. Es spielt fast überhaupt keine Rolle, ob er groß oder klein ist, dick oder dünn, leutselig oder schweigsam, sportlich oder intellektuell, tierlieb oder sachlich, erfolgreich oder kinderlieb. Entscheidend ist fast ausschließlich Ihre eigene psychische Ausstattung (wie oben unter »Vorbereitung« beschrieben). Mischen Sie diese Zutaten und passen Sie diese individuell an ihn an.

Nörgelt er an Ihnen herum, zeigen Sie gesundes Selbstbewusstsein: »Was, ich bin biestig? Das kann gar nicht sein, du verstehst nur meine Bestimmtheit nicht.«

Weicht er Beziehungsgesprächen brummig aus, setzen Sie sanft auf Ihre Konfliktbereitschaft und erklären Sie: »Lass uns nur kurz sprechen, das haben wir schnell gelöst.«

Verändert er sich trotz x-maliger Beteuerungen nicht, geben Sie Ihren unerschütterlichen Optimismus nicht auf (»Männer brauchen einfach länger, um etwas zu verstehen.«). Und wird er schon nach drei Ehewochen blind (»Da soll Dreck sein? Ich sehe nichts!«), geben Sie bitte um Himmels willen nicht Ihr grenzenloses Vertrauen in das Gute im Menschen auf!

Eine Hochzeitssuppe glückt nur, wenn Sie perfekt, souverän, jenseits von Gut und Böse schwebend, stets kontrolliert und pädagogisch wertvoll agieren, keine Wut oder andere negative Emotionen aufkochen lassen und bisweilen sogar noch seine Suppe auslöffeln, wenn er sich etwas eingebrockt hat. Seien Sie immer verständnisvoll, sanftmütig, stoisch, ruhig und liebevoll – so wird Ihre Ehe garantiert gelingen!

Quellennachweis:
Dieses Rezept wurde aus verschiedenen heutigen Psycho-
ratgebern zum Thema »glückliche Beziehungen« zu-
sammengestellt. Es erinnert – nebenbei bemerkt – sehr
stark an Ratgeber für Frauen aus den Fünfzigerjahren, als
das »Heimchen am Herd« noch Mode war und Haus-
haltsliteratur empfahl: »Bleiben Sie immer freundlich und
adrett und beginnen Sie niemals einen Streit. Lassen Sie
sich die Mühe und Arbeit Ihres Tages nicht anmerken,
denn Ihr Mann hat es noch viel schwerer als Sie.«

Fragen Sie mal Ihren Mann dazu – er wird Ihnen bestätigen, dass er jeden Tag viel, viel schwerer arbeitet als Sie!

Warnhinweis:
Im Rezept enthalten sind leider auch verdeckte Zusatz-
stoffe und bittere Aromen, die im Laufe der Zeit heftige
allergische Reaktionen auslösen können. Eine meiner
Freundinnen kochte diese Suppe unbeirrt jeden Tag über
mehr als zehn Jahre. Eines Tages entluden sich die verborgenen Bestandteile in einem Wutausbruch allererster
Sahne. Sie warf nicht nur das gesamte Geschirr auf den Boden und aus dem Fenster, sondern auch ihren Mann in ho-
hem Bogen aus dem Haus hinaus. Seither kocht sie nur
noch ihr eigenes Süppchen.

Love him or leave him

Unsere Ehekrisen kommen und gehen. Mal brauen sie sich langsam zusammen, mal tauchen sie aus heiterem Himmel auf. Mal sind sie kleiner, mal größer. Mal sind sie für mehrere Jahre weg, dann tauchen sie wieder hinterhältig aus dem Nichts im Wochentakt auf. Sogar meine Mutter drohte neulich, kurz nach der Goldenen Hochzeit: »Wenn der Papa jetzt nicht endlich sein Arbeitszimmer aufräumt, dann lasse ich mich scheiden!« Und dabei ist meine Mutter noch aus der Vor-Alice-Schwarzer-Generation, die im Zweifel immer, immer sagen würde: »Bleib bei ihm, es kommt nichts Besseres nach.« Meine Mutter fand zwar Alex nie so wirklich prickelnd, aber sie sagte stets: »*Du* musst mit ihm glücklich werden, nicht *ich*.« Deshalb war es schon immer sinnlos, bei ihr Trost zu suchen, wenn eine dieser Krisen auftauchte. Entweder meine Mutter suchte die Schuld bei mir (»Mädchen!« – da war ich schon 45 Jahre alt – »Pass dich doch mal ein wenig mehr an den Mann an und sei nicht immer so renitent!«), oder es kamen Binsenweisheiten wie: »Die Ehe ist einfach nicht immer ein Zuckerschlecken.«

Ganz anders hingegen meine Freundinnen. Die Abstände, in denen ich mich bei ihnen ausheule, haben sich zwar im Laufe der Zeit deutlich vergrößert, und auch die Dauer von Telefonaten à la »Hilfe! Ich will weg! Womit habe ich ihn nur verdient?« hat sich über die Jahre deutlich reduziert.

Meine Freundinnen rieten und raten mir jedenfalls ausnahmslos in Krisen, in mehr oder weniger deutlichen Abstufungen, im Zweifel diesen Typ zu verlassen. Die

Argumente lassen sich auf die drei Punkte meiner drei Freundinnen reduzieren:

- Kikki meint: Das Patriarchat knechtet uns nach wie vor. Das Politische trägt sich ins Private. Und wir haben nun im Kleinen diese Suppe, die solche Machtstrukturen uns im Großen einbrockten, auszulöffeln. Für die ganze reproduktive Arbeit (vulgo: Haushalt, emotionaler Rückhalt und Kinder) sind doch immer noch in erster Linie wir zuständig, wir – das unterdrückte Geschlecht. Das musst du geistig durchdringen und dann ändern oder ausbrechen aus diesem System – also: Bis sich mal was am Großen und Ganzen geändert hat, im Zweifel jetzt schon im Kleinen ansetzen und Alex verlassen.
- Dorothee sagt: Männer sind einfach Gockel. Sie drängen sich immer in den Vordergrund. Sie gehen mit einem aufgeblasenen Ego davon aus, stets viel wichtiger als Frauen zu sein, und lassen alles an dir aus. Das ist ja mal wieder typisch, wie der sich aufführt. Nicht zu fassen. Würde das eine Frau je machen? Nein! Und das sollte sich keine bieten lassen! Also: Wirf den Gockel raus!
- Britta bemerkt gerne: Alex ist einfach zu neurotisch und zu kompliziert für dich. Du bist seine Frau und nicht seine Therapeutin! Also, ich wäre da schon längst schreiend davongelaufen.

Alle diese Statements der Freundinnen haben mir immer geholfen und mich getröstet. Und trotzdem bin ich bisher dann doch noch immer bei Alex geblieben, obwohl ich jeder meiner wertvollen Freundinnen vollinhaltlich nur recht geben konnte. Und auch umgekehrt tröstete ich alle meine Freundinnen mit solchen Sätzen.

Kaum hatte sich bei mir oder den Freundinnen die Beziehungskrise wieder gelegt, setzte meist eine Funkstille in der weiblichen Kommunikation ein. Nach dem großen Heulen und dem großen Krach landete ich mit meinem Mann im Bett oder in einem guten Lokal, um mal in Ruhe alles zu besprechen. Nur in den seltensten Fällen rief ich im Anschluss Kikki oder Dorothee an, um zu berichten: »Alles ist wieder gut!«

Ist das nicht seltsam? Da schildern wir bis ins Detail alles über diesen Schuft und zerbrechen uns gemeinsam den Kopf darüber, warum ein Mann im 21. Jahrhundert nicht in der Lage ist, ein Baby zu wickeln, einen Psychotherapeuten aufzusuchen, oder ärgern uns darüber, dass er nur deswegen Bartstoppeln im Waschbecken liegen lässt, um uns zu zeigen, wer der »Herr im Haus« ist – »Du Putze. Ich Mann!«. Und kaum schafft der Kerl es, einem Säugling den Popo zu säubern, einen Termin beim Psychologen zu vereinbaren oder seine Machtspielchen über liegen gelassene Bartstoppeln im Waschbecken zu beenden – da melden wir uns nicht mehr mit diesem Erfolgsergebnis bei der Freundin.

Mir kam es bisweilen schon so vor, als würde ich mich schämen, doch bei ihm zu bleiben, nachdem die Freundinnen und ich in aller Ausführlichkeit analysiert hatten, wieso jedes vernunftbegabte Wesen in so einem Fall eigentlich nur eins kann: abhauen, und zwar unverzüglich. Die Scheidung einreichen. Aber nein, ich Depp bleibe bei ihm kleben.

Extrem lapidar beantworte ich später Nachfragen meist mit: »Hat sich wieder eingerenkt.« Und ebenso lapidar kommt meist zurück: »Da bin ich aber froh. Im Grunde genommen passt ihr ja doch ganz gut zusammen.« Dorothee, meine Single-Freundin, fügt meist hinzu: »Also ich bin jetzt wirklich nicht die Beziehungsexpertin, aber du und Alex, ihr seid schon ein Paar.«

Abgesehen davon, dass der Satz natürlich Quatsch ist: »Ihr seid schon ein Paar« – denn das auf den Prüfstein zu stellen, darum ging es ja genau –, ist es erstaunlich, dass auch Dorothee mich nicht in den Status »Alle Männer sind Schweine. Geh so schnell wie möglich!« drängen will. Aus ihr spricht keine Ideologie, mit der sie ihre eigenen Trennungen schönreden will. Als wirkliche Freundin geht sie mit mir mit, wo immer ich auch hingehe. Sie behauptet nicht: »Alleine ist es eh besser!«, sondern versucht, mich und meine Lebensumstände einzubeziehen, um mir das Beste zu raten.

Aber ist es nicht trotzdem seltsam, dass die meisten Freundinnen dazu raten, im Zweifel die Füße in die Hand zu nehmen und den Typen zu verlassen? Was steckt dahinter, wenn es noch nicht einmal wie im Falle von Dorothee darum geht, die eigene Weltsicht bestätigen zu wollen?

Die Engländer haben den pragmatischen Spruch: »Love him or leave him«. Das heißt nicht mehr und nicht weniger als: Entweder du bist glücklich mit ihm und du bleibst bei ihm, oder du gehst einfach. Punkt. Nichts dazwischen. Keine Telefonate. Kein Heulen. Kein Jammern. Entweder oder.

Nun ist es nicht so, dass ich in anderen Bereichen nicht auch stets nach diesem Motto handeln würde. Socken, die ich seit fünf Jahren nicht mehr getragen habe, wandern nach einer Sichtung schnurstracks in den Müll. Love them or throw them away. Nur eine Millisekunde überlegen – dann liegen die Dinger im Abfalleimer. Undenkbar, dass ich Alex so schnell entsorgen könnte. Wochenlanges Zaudern und jahrelange Telefonate würden dem vorausgehen! Und nachdem ich mich heldenhaft entschlossen hätte, mich von ihm zu trennen, würde ich feststellen, dass dieser Typ einfach viel zu sperrig ist, um in einem Mülleimer

Platz zu finden. Typisch. Sogar im Rauswurf würde er noch so einen hinterhältigen Widerstand leisten und sich extra breit machen. Typisch Mann, typisch Platzhirsch einfach!

»Love him or leave him« – warum bin ich in Bezug auf meinen Mann so unpragmatisch, obwohl das sonst so gar nicht meine Art ist?

Vielleicht, weil der Chor der Gesellschaft heute den immer gleichen Kanon singt: Wir Frauen haben uns die Freiheit erobert, auch ganz ohne Mann zu leben. In einem verdammt harten Kampf über Jahrhunderte haben wir die Abhängigkeit von einem Beschützer und Ernährer ent-sorgt. Und diese Freiheit lassen wir uns nicht mehr nehmen. Wir können auch ohne, obwohl wir ewig lang glaubten, es ginge nur *mit* ihm. Wir wählen, wir fahren Auto, und wir wurden sogar Bundeskanzler. Wir können alles alleine schaffen, auch wenn wir es gar nicht alleine schaffen wollen. Unter dem Strich betonen wir heute we-niger das Gemeinsame, das uns mit unserem Mann ver-bindet, sondern das Trennende – weil wir es uns leisten können. Kikki meint, dass wir auf der Beziehungsebene im Kleinen den gesellschaftspolitischen Trend der »Identitäts-politik« wiederholen. Nicht mehr das Gemeinsame einer Gesellschaft und ihrer Individuen wird betont, sondern das Unterschiedliche. Wir denken nicht mehr zuerst da-ran, dass Frauen, Farbige, Alte, Obdachlose, Behinderte oder Transgender alle zusammen auch eine Gemeinschaft beispielsweise in einem Staat bilden, sondern betonen die jeweiligen Schwierigkeiten dieser Gruppen. Wir sehen zuerst auf das uns Trennende und nicht auf das uns Verbindende. (Aber gut, Kikki denkt immer in so großen Zusammenhängen, dass ich danach das Kleine nicht mehr richtig verstehe.)

Dieses Trennende ist bei meiner Mutter das unaufgeräumte Arbeitszimmer meines Vaters und bei uns die Vogelfutterstation auf dem Balkon, die Alex zwar befüllt, deren dazugehörigen Vogeldreck er aber nicht wegmacht. Regelmäßig entzünden sich die schönsten Krisen daran.

»Ach, die Vögel anlocken, das machst du gerne, aber die Konsequenzen tragen, nicht?«

»Ich mache regelmäßig sauber!«

»Ach, regelmäßig heißt alle drei Wochen, wenn der Dreck schon auf dem Boden klebt?«

»Was willst du mir eigentlich vorschreiben? Wann ich genau was zu tun habe?«

»Nein, bloß dass du die Verantwortung für die Vogelfutterstation übernimmst, die ich nie haben wollte. Typisch Mann!«

So nach diesem Motto geht es dann weiter und schaukelt sich hoch.

Ich rufe Kikki an. Die Freundin, die Psychologin, sagt erwartungsgemäß: »Komm schon, Alex hat noch nie wirklich Verantwortung übernommen.«

Dorothee meint: »Lass uns in den Biergarten gehen, Alex und du wart ja wirklich lange ein klasse Paar, aber alles musst du dir auch nicht gefallen lassen. Manchmal ist es wirklich besser, man trennt sich.«

Nein, die Ratschläge zum Gehen statt zum Bleiben kann ich heute nicht brauchen. Deshalb rufe ich meine Mutter an. Diese beginnt sofort aufgeregt zu sprechen. »Stell dir vor, die Tochter von der Susanne, deiner Cousine, falls du dich an sie erinnerst, die Alina, die lässt sich scheiden. Vielleicht hat sie recht, dass wir uns alle zu viel gefallen lassen von den Männern. Ich auch, meint die Susanne.« Die Susanne, ihr Mann und deren Kinder waren mir schon immer hoch unsympathisch.

»Aber Papa ist anders!«, widerspreche ich spontan. »Ihr seid doch ein Paar! Und lass dir doch nicht immer einreden, dass du dich trennen sollst!«

»Na gut, wenn du meinst«, entgegnet meine Mutter. »Aber warum hast du nun eigentlich angerufen?«

»Nur so, bei uns ist alles in Ordnung!«, antworte ich.

Der Witz an der Sache

Mit Witzen über die Ehe ließe sich ein ganzes Buch füllen. Die meisten dieser Ehewitze – Sie können es sich bestimmt schon denken – funktionieren auf Kosten der Frau. Häufige Stereotypen dabei sind: die hässliche Alte, Ehe als Gefängnis, eine jüngere Geliebte, unbefriedigender Sex oder »Wie kriege ich sie wieder los?«.

Typisch ist beispielsweise dieser:

Eine Ehe:
Nach 10 Jahren: »Guten Tag, das ist meine Frau, darf ich sie Ihnen vorstellen?«
Nach 20 Jahren: »Guten Tag, das ist meine Frau, können Sie sich das vorstellen?«
Nach 30 Jahren: »Guten Tag, das ist meine Frau, können Sie sich bitte davorstellen?«

Solche »Altherrenwitze« werden kaum mehr in der Öffentlichkeit gerissen. Jeder Mann, den ich persönlich kenne, würde sich dafür schämen. Nachzulesen sind diese aber noch im (anonymen) Internet. Warum gibt es immer noch so viele in dieser Art? Nach der psychoanalytischen Sprachtheorie hat der Witz eine wichtige Funktion: Er verarbeitet ein Tabu. Dieses Tabu bestimmter Gedanken und Triebregungen, die wir nicht in unser Bewusstsein lassen, sondern blockieren, aussperren und verdrängen, findet hier eine Art Ventil.

Ausgehend von dieser Theorie stellt sich nun die Frage, ob wir uns über das Aussterben der Altherrenwitze freuen oder ärgern sollen. Denn es ist natürlich schön, wenn über uns Gattinnen nicht mehr so böse gelästert wird. Andererseits gibt es aber auch zu denken, wenn diese »Tabus« offenbar kein Ventil mehr brauchen, weil sie offensichtlich nicht mehr bestehen. Vereinfacht gesagt: Als die Ehe noch als unauflöslich galt, rissen die Herren solche Witze; heute lassen sich Männer einfach scheiden und heiraten die jüngere Geliebte. Das Aussterben dieser schlechten Witze ist also durchaus ein zweischneidiges Schwert.

Andererseits könnte es auch sein, dass Männer angefangen haben – entschuldigen Sie den schlechten Witz, den ich mir jetzt nicht verkneifen kann –, nicht bloß mit dem Schwanz zu denken. Denn neuerdings machen sich die Typen in meiner Umgebung nicht mehr über die Ehe lustig, sondern über sich selbst als Männer. Achten Sie mal darauf, wenn in geselliger Runde ein Mann einen Geschlechterwitz erzählt. Meist nimmt der Kerl sich dabei selbst auf's Korn.

So wie mein Mann Alex, der mir überhaupt nicht zuhört, als ich ihm von dieser Witztheorie erzähle, und ein paar Tage später bei einem Glas Wein mit Kikki und deren Mann folgenden Witz erzählt:

»Ein Mann fährt mit dem Auto eine steile Bergstraße hinauf. Eine Frau fährt dieselbe Straße hinunter. Als sie sich begegnen, lehnt sich die Frau aus dem Fenster und schreit: ›Schwein!‹ Der Mann schreit sofort zurück: ›Schlampe!‹ Beide fahren weiter. Als der Mann um die nächste Kurve biegt, rammt er ein Schwein, das mitten auf der Straße steht. Wenn Männer doch nur zuhören würden!«

Für immer ist ganz schön lang

Wie locker gehen wir heute mit der Ehe als »Institution« um! Dabei ist es noch gar nicht so lange der Normalfall, dass wir aus reiner Liebe und nicht aus anderen Gründen vor den Traualtar treten. Heute können wir heiraten, wen und wann wir wollen – und wir müssen vor allem auch gar nicht heiraten, wenn wir das nicht wollen. Wir genießen eine Freiheit wie keine Generation vor uns.

Mit zu den häufigsten Bemerkungen in meiner Umgebung zum Thema Beziehung gehört übrigens: »Wir haben spät geheiratet. Wir waren vorher schon Jahre zusammen.« Meist heiraten die Partner der »wilden Ehe«, wie man sie früher nannte, wenn Nachwuchs unterwegs ist oder auch wenn die Romantik einfach zuschlägt. Dann muss es das weiße Kleid, der Traualtar in den Alpen oder Las Vegas oder eine Überraschungsfeier der megacoolen Art sein.

Alex und ich fallen genau in dieses Muster. Wir waren schon zehn Jahre ein Paar, ehe wir das Aufgebot bestellten. Und das auch nur, weil ich schwanger war. Nicht dass wir geglaubt hätten, ein Kind gehörte in eine ordentliche Ehe. Nein, wir wollten einfach unsere Liebe auf diese Art und Weise manifestieren. Nie im Traum hätte ich damals an Sorgerechtsgeschichten, spätere Rentenansprüche oder so ein Zeug gedacht. Ich wollte freiwillig heiraten – weil ich eben nicht mehr heiraten *musste*, wie es noch eine Generation vor mir hieß, wenn die Frau schwanger war. Und wenn schon heiraten, so meinte ich, und Alex stimmte mir sofort zu, dann »richtig«, also gleich mit allem Tamtam im weißen Kleid, vor dem Traualtar in der Kirche, mit einer

richtig großen Feier – und sogar mit einem blauen Strumpf-
band, das ich an diesem Tag als Braut abergläubisch trug.

»Wir haben spät geheiratet und sind spät Eltern geworden«, sagen wir so automatisch vor uns hin und vergleichen uns dabei doch nur mit den direkten Vorfahren im
bürgerlichen Milieu, die gefühlt alle mit Anfang 20 schon
unter die Haube gingen. Und dabei sind nicht wir, diese
Generation, die Ausnahme, sondern vielmehr unsere Eltern und Großeltern.

Zufälligerweise stoße ich bei einer Ausstellung zur
Geschichte der Frauen auf Zahlen für Bayern (in anderen
Bundesländern ist es mehr oder weniger mit geringen
Abweichungen nach oben oder unten das Gleiche): Von
1856 bis 1862 waren 46,9 Prozent aller heiratenden Männer
und 37,7 Prozent der Frauen zwischen 30 und 40 Jahre alt.
30,7 Prozent der Frauen waren zwischen 25 und 30 Jahre
alt.

Wer heiraten wollte, brauchte Geld. Und darauf musste
man bisweilen durch die verzögerte Hofübergabe lange
warten. Denn der alte Bauer übergab den Hof erst an den
ältesten Sohn, wenn er sich dessen Loyalität sicher war.
Und erst dann konnte der Hoferbe die Geschwister aus-
zahlen. Bei Knechten und Mägden ist die Sachlage noch
komplizierter gewesen. Sie mussten jahrelang das Hoch-
zeitsgeld ansparen, ohne welches sie die Kirche nicht in
den ewigen heiligen Stand geführt hätte. Unter 30 Jahren
war das kaum machbar.

Und dabei war das eigentlich auch schon wieder alles
sehr neumodisch, denn dass man überhaupt aus Liebe
heiratet, ist eine Erfindung der Neuzeit. Potenzielle
Gattinnen wurden nicht nach Kriterien wie »die sieht aber
geil aus« bewertet, sondern danach, ob sie gute Hausvor-
stände, fleißige Mägde und nicht faules Gesinde wären.

Auch adelige Gattinnen wurden nicht nach »Liebe« ausgesucht, sondern nach der Funktionalität im Ständesystem.
Hochzeit und Ehe waren mehr oder weniger komplett
entkoppelt von Gefühlen, weshalb ein Chronist entsetzt
festhielt: »Mit einer gewissen Gleichgültigkeit werden
Ehen eingegangen: Geliebt hat man ja schon früher viel
genug. ... Die gefallenen Mädchen werden auch nicht
verachtet und verfolgt und genießen dieselbe Behandlung
wie geächtete Jungfrauen. Sie sind auch nicht vernachläs-
sigt, daß sie deshalb keine Ehe mehr eingehen könnten,
sondern heirathen, und zwar meistens andere als ihre
Schwängerer oder vielmehr Väter ihrer bereits heranwach-
sender Kinder.«

Die Moral war draußen und der Pragmatismus drin –
klar, eine Frau, die schon mal ein uneheliches Kind ge-
boren hatte, war fortpflanzungsfähig, war also potenziell
in der Lage, auch einem Hoferben das Leben zu schenken.
Da ging so mancher Bauernsohn lieber auf Nummer sicher.
Und was spielte es schon für eine Rolle, wenn da noch ein
uneheliches Kind aus früheren Beziehungen einfach im
landwirtschaftlichen Betrieb »mitlief«?

Um 1900 eroberte schließlich das breite Bürgertum mit
der revolutionären Idee der Liebesehe die Massen und
setzte sich durch: Ein Mann, der in Deutschland um 1900
die Ehe einging, war im Durchschnitt 29 Jahre alt; bei den
Frauen lag das durchschnittliche Heiratsalter bei etwas
mehr als 26 Jahren. Das ist zwar niedriger als das Heiratsalter zu Beginn des 19. Jahrhunderts, gleichwohl aber
immer noch erstaunlich hoch, misst man es an unserem
Bild von der Auflösung traditioneller Bindungen im Zuge
der Industrialisierung.

Mit dem Fortfall juristischer und wirtschaftlicher
Hemmnisse wurde um die Jahrhundertwende so viel ge-

heiratet wie bis dahin noch nie in der deutschen Gesellschaft. Gerade in den unteren Schichten, wo traditionell ein großer Teil von der Ehe ausgeschlossen gewesen war, wurde die Erfahrung der Ehe- und Familiengründung für immer mehr Menschen bedeutsam.

War in der vorindustriellen Gesellschaft die Familiengründung noch zwingend an den erfolgreichen Aufbau einer selbstständigen Existenz gekoppelt gewesen, bestand dieses alteuropäische Muster des Heiratsverhaltens im Deutschland der Kaiserzeit jedoch nur noch auf dem Land und im Handwerk fort: Hier wurde weiterhin dann geheiratet, wenn der erbende Bauernsohn den väterlichen Hof übernahm oder der Handwerksgeselle in einen Meisterhaushalt einheiratete beziehungsweise mithilfe einer Mitgift einen Betrieb übernahm oder gründete.

Wer also glaubt, die Patchworkfamilien, die späten Eheschließungen und die enorme Anzahl von unehelichen Kindern wären eine ganz neue »Erfindung«, sitzt einem gewaltigen geschichtlichen Bären auf. Die bürgerliche Ehe mit der jugendlichen Hochzeit und dem gesellschaftlich erlaubten Sex nur innerhalb des Ehebettes ist als Erfindung für die breite Masse etwa so alt wie der Tonfilm.

Und dann gibt es da noch einen Aspekt, für den ich das ausgehende 20. und das angehende 21. Jahrhundert feiere – nicht mehr nur unter den Heteropaaren ist mittlerweile alles möglich, sondern endlich können auch Lesben und Schwule so leben, wie sie möchten, und sich das frei aussuchen. Mit oder ohne Trauschein. Was für eine rasant tolle Entwicklung, denn – die Jüngeren wie meine Kinder können sich das heute gar nicht mehr vorstellen – erst 1994 wurde der »175er«, wie er im Volksmund hieß, abgeschafft. Gemeint ist der Paragraf 175 im Strafgesetzbuch, der homosexuelle Handlungen unter Strafe stellte. Wirklich verfolgt wurde das »Delikt« zwar schon länger nicht mehr, aber die Möglichkeit bestand trotzdem immer noch.

Kurioserweise haben ausgerechnet die Schwulen, Lesben und Transgender mit ihren Protesten, mit ihrem Kampf, mit jedem Christopher Street Day dazu beigetragen, dass die »altmodische« Ehe wieder zu einem Wert wurde, denn den »sexuellen Outlaws« war diese so lange verweigert geblieben. So wie Steffen, einem Kollegen, den ich seit der Studienzeit kenne und immer mal wieder treffe und mich dann in einer Ausführlichkeit, für die ein Heteromann keine Millisekunde einen Nerv hätte, über Deko in der Wohnung, Mode oder neue Musiktrends unterhalte.

Steffen ist seit 25 Jahren mit Philipp liiert und scherzt über sich selbst: »Ein Wunder, dass wir das geschafft haben, denn wir sind ja *beide* schwanzgesteuert.« Steffen meint damit, Heteropaare hätten es einfacher, denn ständige Seitensprünge würden bei uns nicht so selbstverständlich dazugehören. Der Freund begründet seine Theorie damit, dass die Treue der Frau (von der Männer einfach mal naiv ausgingen) die Heteromänner gewissermaßen unter Druck setze – wenn meine Frau mir treu ist, dann sollte ich das gefälligst auch sein.

Im Februar kommt Steffen überraschend zu Besuch und verkündet, dass Philipp und er heiraten wollen – wir seien herzlich eingeladen. Ui ja, da freuen wir uns natürlich. Steffen hat jede Menge Bilder dabei – von Lokalitäten zum Feiern, von Anzügen, von Hochzeitstorten, von Blumengebinden – bis hin zu Socken! Alex verzieht sich unter einem Vorwand, als Steffen und ich gleich ausführlich darüber zu quatschen beginnen, welche Blumen in welches Lokal vorzüglich passen würden und welche Socken unter keinen Umständen zu diesem oder jenem Anzug getragen werden können. Und dann die Ringe! Steffen zeigt mir gefühlt 100 Auslagen von Goldschmieden. In welche Richtung solle denn der Schmuck gehen? Dünn oder dick? Gold oder Weißgold?

Im Vergleich zu Steffen komme ich mir wie eine große Ignorantin vor – ein Brautkleid fand ich innerhalb von einer Woche, als Lokal für die Feier wählten wir einfach einen Landgasthof in der Nähe der Kirche, und den Blumenschmuck besorgte eine Tante meines Mannes, die Floristin ist. Und dass uns eine Kutsche zum Standesamt bringen könnte? Daran hatte ich überhaupt nicht gedacht!

Die Planungen mit Steffen machen richtig Spaß – wir treffen uns noch mehrmals bis zum Termin im Mai.

Und dann ist es so weit: An diesem sonnigen Frühlingstag stehen wir schon beim Standesamt, als die Kutsche mit dem Bräutigampaar kommt. Steffen trägt einen weißen Anzug. Philipp einen roten – und der jeweils andere hat eine rote beziehungsweise eine weiße Rose im Revers. Die Kutsche ist geschmückt mit Blumen in diesen Farben. Und die Schuhe – bis vor zwei Wochen noch ein Grund für nächtliche Anrufe (»Meinst du wirklich, das passt?«) – tragen beide Partner im gleichen dunklen Leder.

»Sieht toll aus!«, bemerkt da sogar Alex, den sonst weder Blumen noch feine Abstimmungen in Kleidungsdingen die Bohne interessieren.

Steffen und Philipp steigen unter den freudigen Zurufen der Gäste aus der Kutsche – aber Steffen schaut dabei irgendwie gar nicht glücklich aus. Ist er so nervös vor der Zeremonie, wie ich es damals war?

Das Bräutigampaar (oder sagt man da auch Brautpaar?) posiert für Fotos. Doch während Philipp strahlt, gelingt Steffen kein Lächeln. Er wird immer blasser. Ist ihm vielleicht schlecht? Du lieber Himmel, der Arme, und das am »schönsten Tag im Leben«!

Steffen übergibt plötzlich den Blumenstrauß aus weißen und roten Rosen, den er in der Hand hatte, einfach dem Nächstbesten – das bin in diesem Fall ich – und geht weiter, von der Hochzeitsgesellschaft weg, die Straße entlang und biegt um die Ecke. Vielleicht muss er sich doch übergeben? Vielleicht muss er mal? Aber im Standesamt gibt es doch sicherlich Toiletten!

Wir warten. Wir und alle anderen Gäste.

Philipp wird allmählich unruhig, zückt sein Handy, spricht etwas und tippt herum. Nach weiteren zehn Minuten noch einmal. »Nicht erreichbar«, erklärt Philipp schließlich zu den fragenden Blicken der Hochzeitsgesellschaft. Alex und drei andere Gäste machen sich auf den Weg, um nach Steffen zu schauen. Man weiß ja nie, was alles passiert sein kann!

Der Standesbeamte kommt nun schon zum zweiten Mal vor die Tür, sieht auf die Uhr und meint, allzu lange könne er nicht mehr warten. Der Suchtrupp samt Alex kehrt erfolglos zurück – Steffen ist »wie vom Erdboden verschluckt«.

Philipp bricht schließlich in Tränen aus, wirft seinen Brautstrauß auf den Boden und rennt nun auch einfach weg.

Au weh! Die Armen. Was für eine Tragödie! Da ging ja wohl gründlich was schief.

Wir Gäste einigen uns auf Beihilfe, um wenigstens den finanziellen Schaden etwas zu begrenzen, und handeln im Lokal heraus, dass nur ein Teil der Kosten bezahlt werden muss.

Selbstverständlich möchte jeder wissen, was eigentlich vorgefallen ist. Aber der Anstand verbietet es mir, da in nächster Zeit nachzufragen. Steffen wird sich schon melden, denke ich mir, wenn ihm nach Reden ist.

Vier Wochen später, im Juni, steht er mit Philipp in der Tür. Ob sie reinkommen dürften? Klar, natürlich. Die beiden wirken ganz entspannt und turteln.

Alex und ich werfen uns fragende Blicke zu.

»Wir wollten uns entschuldigen, also ich«, erklärt Steffen, »für die geplatzte Feier.« Müssen sie natürlich nicht – schließlich war es ja deren Hochzeit, die ins Wasser fiel, und nicht unsere.

»Aber warum bist du denn plötzlich gegangen, Steffen?«, frage ich nun doch neugierig.

»Da war so ein Gedanke, der mich nicht mehr ausgelassen hat. Mir wurde plötzlich klar, dass ›für immer‹ ganz schön lang ist.«

»Na, dann ist ja alles in Ordnung!«, bemerkt Alex trocken dazu. »Wenn Schwule jetzt nicht nur heiraten, sondern auch eine Hochzeit platzen lassen können, weil sie Schiss vor der Ewigkeit kriegen wie alle Männer, dann … ja, dann habt ihr euch wirklich emanzipiert!«

Steffen und Philipp lachen und küssen sich.

Und darauf trinken wir einen Champagner.

Schatzsuche

Es war einmal eine Prinzessin, die suchte die Liebe ihres Lebens. Sie wollte nicht auf ihren Vater, den König, hören, der ihr riet, auf den Stand, die Ritterlichkeit, die Manieren, den Besitz an Schlössern und die körperliche Stärke des künftigen Gemahls zu achten. Prinzessin Emma verbot ihrem Vater sogar, Turniere zu veranstalten, in denen die Heiratsanwärter symbolisch um sie kämpften, denn schließlich, so die Prinzessin, lebten sie im 21. Jahrhundert.

Der König ließ sich von der Jugend seiner Tochter und der neueren Geschichte der weiblichen Emanzipation überzeugen und erlaubte Emma, alleine loszuziehen, um die Liebe ihres Lebens zu finden.

Fünf Jahre durchstreifte Emma fremde Länder und exotische wie profane Bars. Sie nahm sogar Bürojobs an, um am Arbeitsplatz den richtigen Mann für sich zu finden. Sie ging in Fitnessclubs, auf eine Safari in Afrika und in ein buddhistisches Zen-Kloster, um das Klatschen mit einer Hand zu lernen. Prinzessin Emma holte sogar einen Frosch statt Münzen aus der Fontana di Trevi in Rom, küsste diesen – und stellte enttäuscht fest, dass auch dieser sich nicht in den Prinzen verwandelte, den sie suchte.

Schließlich erinnerte sich Emma an die Worte ihrer Mutter, der Königin, die beiläufig zu Aschenputtel gesagt hatte, heutzutage reduziere eine Brautsuche anhand eines verlorenen Schuhs die Frauen auch nur auf den Körper. Eine zeitgemäße Prinzessin sollte besser eigene, möglichst standardisierte Testverfahren für die geeigneten Kandidaten entwickeln.

Prinzessin Emma begann Tag und Nacht nach einer solchen objektiven Methode zu suchen. Sie errechnete den Quotienten aus Bizeps, Gehalt und Aufmerksamkeitspotenz; sie fragte das Freizeitverhalten, die Freude am Job und die Kuschelfreudigkeit ab; sie verglich Penislängen in Proportion zu Kochkünsten.

Emma wurde dabei – auf der Suche nach einem geeigneten Auswahlverfahren – immer älter und immer einsamer. Sie begann das 21. Jahrhundert und das Internet zu verfluchen. Früher hatten die Könige ihre Töchter einfach verheiratet. Wie einfach war das gewesen!

Dann funktionierten eines Tages weder Handy noch Festnetz noch Internet. Emma war plötzlich von der Außenwelt – abgesehen von Begegnungen im realen Leben – ausgeschlossen. Die Hotline des Telefonanbieters ließ Emma erst stundenlang einer unerträglichen Warteschleifen-Melodie lauschen – ehe die Prinzessin stets kurz vor der Gesprächsannahme aus der Leitung flog. Das brachte sie auf die Idee zu einem Praxistest.

Emma bestellte Handwerker, IT-Techniker und Philosophen in ihre Großstadtwohnung – derjenige, der ihr Internet-/WLAN-Problem lösen könnte, dem würde sie sich hingeben. Doch die Enttäuschung war groß – weder der Prinzensohn vom Nachbarreich noch der Starphilosoph noch der IT-Experte der Exzellenz-Uni konnten ihr Problem lösen.

Emma beschloss, die Partnersuche nun ein für alle Male aufzugeben, um nicht am Leben zu verzweifeln. Sie zog sich eine Jacke über und wollte schon reumütig in das Schloss ihrer Eltern zurückkehren. Da begegnete sie im Treppenhaus einem attraktiven jungen Mann, der sie fragte, warum sie es so eilig hätte. Missmutig schilderte sie dem Kerl ihr Problem, das keiner lösen konnte.

Der junge Mann schmunzelte und stellte sich scherzend als Mitglied des neuen Ritterordens »Herzfrequenz« vor. Wenn Emma es nur zulassen würde, könne er sie verzaubern.

Wie? Emma fragte sich, was der Typ meinte. Drei Stunden später war sie eines Besseren belehrt und hatte den Schatz ihres Lebens gefunden – jeder Kerl, der die Telefonie-/Internetprobleme gelassen und sogar noch mit Spaß bei der Sache lösen kann, erobert heute das Herz einer Frau.

Und wenn sie nicht gestorben sind, leben Emma und ihr Mann heute noch ohne technische Störungen.

Wolkenkuckucksheim

SIE   Ich sehe was, was du nicht siehst, und das ist grau.

ER   Die Magnetwand?

SIE   Ich sehe was, was du nicht siehst, und das ist grau.

ER   Der Fußabstreifer?

SIE   Ich sehe was, was du nicht siehst, und das ist grau.

ER   Der Treteimer?

SIE *(laut)*   Ich sehe was, was du nicht siehst, und das ist grau.

ER   Jetzt komm schon … wieso schaust du immer nach unten … doch der Fußabstreifer?

SIE *(noch lauter)*   Ich sehe was, was du nicht siehst, und das ist grau!!!

ER *(kleinlaut)*   Das Metall in der Steckdose?

SIE *(kreischt)*   Ich sehe was, was du nicht siehst, und das ist grau!!!

ER *(erfreut)*   Deine Socken! Du meinst deine Socken!

SIE *(fast schreiend)* Ich sehe was, was du nicht siehtst, und das ist *hell*grau.

ER *(ratlos)* Aber der Himmel ist doch blau!

SIE *(schreit)* Der Staub, der Staub, der Staub! Wolken himmlischen Ausmaßes!

ER *(ratlos)* Ja, und?

SIE *(gefährlich leise)* Und wer macht den weg?

ER Ach so, Schatz! Ja, das hab ich vergessen, das Staubsaugen. Warum hast du mich nicht daran erinnert? Ich bin vielleicht blind, aber doch nicht taub.

Speed-Doctoring

Wenn es in Ihrer Ehe kriselt, Sie aber demnächst einen großen Karriereschritt planen, keine Zeit für eine Psychoanalyse haben oder lieber Altindisch lernen wollen, statt ewige Beziehungsgespräche zu führen, habe ich ein ganz einfaches, altes und wiederentdecktes Hausmittel für Sie, das unter neuem Namen wieder Karriere machen könnte. Es verhält sich damit wie mit der Rauke – keiner wollte den Salat mit diesem altmodischen Namen mehr kaufen, bis ihn findige Händler mit der italienischen Bezeichnung anboten und das Gewächs plötzlich wieder »in« und populär wurde.

Genauso verhält es sich mit dem »Speed-Doctoring«. Zugegeben, diese Methode geht weder in die Tiefe noch in die Breite. Sie werden dadurch weder ergründen können, welche Mechanismen dazu führten, dass Sie diesen Typen jemals geheiratet haben, noch werden Sie dadurch verstehen lernen, warum er zwar bis heute aufzählen kann, wer beim Elfmeterschießen anno 34 nach Christus die Tore der gegnerischen Mannschaft geschossen hat, aber bis heute regelmäßig vergisst, dass unsere Tochter Eva seit zehn Jahren am Dienstag zum Turnen geht und also an diesem Tag nicht zu Hause zu Abend isst.

»Speed-Doctoring« ist mitnichten dazu geeignet, das tiefere Wesen eines Mannes oder seine Terminkompetenz auch nur ansatzweise zu erklären. Die Methode konzentriert sich nicht auf das »Warum«, sondern auf das »Wie gehe ich damit um?«. Sie fragt also nicht, wieso Naturkatastrophen wie Eheschließungen regelmäßig passieren und der liebe Gott so etwas überhaupt zulässt, sondern kümmert sich um Schadensbegrenzung im Sinne von: »Wie gehe ich handlungskompetent mit Widrigkeiten aller Art um?«

»Speed-Doctoring« funktioniert analog zum Speed-Dating, indem es das Wesentliche auf einen zentralen Punkt bringt. Während der Vorteil beim Speed-Dating darin liegt, superschnell nach dem Bauchgefühl zu entscheiden, ob der Typ nun zu einem passt oder nicht, um sich die ganzen Floskeln einer höflichen Ablehnung zu sparen, geht Speed-Doctoring davon aus, dass Ihr erstes Bauchgefühl richtig und es gar nicht so übel war, diesen Mann an Ihrer Seite geheiratet zu haben. Aber der Alltag und die üblichen Schwierigkeiten, die aus der Tatsache resultieren, gleichzeitig verschiedene Planeten zu bewohnen und demzufolge eine völlig andere Weltsicht zu haben, erschweren bisweilen ein harmonisches Zusammensein.

Speed-Doctoring hat nach 7385 Forschungsjahren, weit über 2000 statistischen Erhebungen und 957 repräsentativen Umfragen unter mehr als 100 000 Paaren den Kern aller Probleme herausgearbeitet. Doch die Methode Speed-Doctoring wäre nicht die Methode Speed-Doctoring, wenn sie sich mit den Ergebnissen zufriedengäbe und nicht zugleich schnelle Lösungsmöglichkeiten anbieten könnte. Und ich gebe zu, ich bin etwas stolz darauf, sie hier als Erste im deutschen und auch angloamerikanischen Raum unter diesem Namen »proudly« präsentieren zu können.

Im Kern liegt das Grundproblem aller Beziehungen und Ehen an der Erwartungshaltung. Jeder Mann und jede Frau erwartet vom anderen – auch gleichgeschlechtlichen – Partner im Grunde genommen: »Mach mich glücklich!«

Um das an einem Beispiel zu verdeutlichen: Sie haben einen schweren Arbeitstag hinter sich, der Chef hat Sie angeschnauzt. Im Briefkasten liegt der Bescheid für eine Steuernachzahlung, von der Sie nicht wissen, wie Sie diese finanziell bei Ihrer Girokonto-Brutal-Ebbe stemmen sollen. Dann sorgen Sie sich auch noch um die »Kinder«, die wahlweise demnächst bei ihrer himmelschreienden Faulheit durch den Schulabschluss rauschen werden oder womöglich sogar Drogen nehmen. Sie kochen trotz all dieser Widrigkeiten für die Familie ein Abendessen, halten den Familienbetrieb durch Wäschewaschen und emotionale Zuwendung für die Kids aufrecht und telefonieren sogar noch mit dem unsympathischen Finanzberater-Schwager, um diese unangenehme Steuergeschichte nicht auf die lange Bank zu schieben. Müde fallen Sie gegen 22 Uhr neben Ihrem Mann auf das Sofa, kuscheln sich an ihn und seufzen: »Was für ein Tag. Bin ich froh, wenn morgen ist.«

»Das kann ich von meinem Tag auch sagen«, meint Ihr Mann beiläufig und zappt vom Spielfilm, dessen Ende Sie wenigstens sehen wollten, wenn Sie schon den Anfang verpasst hatten, zu einer Dartsweltmeisterschaft, von der Sie bislang nicht einmal wussten, dass eine solche existiert.

Keine Frage: »Warum?« Oder gar eine Bemerkung wie: »Kein Wunder, dass du erschöpft bist. Was du auch alles für uns machst! Ich danke dir!«

»Wie kann der nur?«, grummelt es in Ihnen. »Völlig ignorant denkt der nur an sich und seinen Feierabend.« Sie rutschen etwas beiseite auf dem Sofa – nicht einmal Ihre Distanzierung bemerkt dieser Mann! Für was sind Sie eigentlich mit ihm zusammen, wenn er Sie nicht einmal nach so einem schweren Tag auffangen kann? Warum in aller Welt reiben Sie sich so in diesem Alltag auf, wenn das noch nicht einmal zur Kenntnis genommen, geschweige denn mit einem »Danke, du Schatz« honoriert wird? Haben Sie nicht einst eine Beziehung und Ehe gestartet, um mit einem

Kerl glücklich zu werden? Und was passiert jetzt? Sie ärgern sich so über ihn, dass es doch besser wäre, alleine zu sein, denn der Typ da neben Ihnen macht Sie doch bloß unglücklich.

So oder so ähnlich gehen die Gedankengänge, die schließlich dazu führen, dem Partner innerlich vorzuwerfen, er würde uns nicht glücklich machen. Wir schieben ihm die Verantwortung für unser emotionales Wohlergehen zu. Es ist uns selten bewusst, und entsprechend selten sprechen wir dies aus, aber aus dieser Erwartungshaltung resultieren die meisten Paarprobleme. Kein anderer Mensch kann letztlich eine Glücksforderung einlösen, die da heißt: Sei gefälligst so, dass ich durch dich happy werde.

Und an dieser Stelle der Einsicht knüpft das Speed-Doctoring an. Die Einfachheit der Methode wird Sie verblüffen. Sie müssen sie nur *täglich* anwenden; Uhrzeit egal, es dauert nur einen Bruchteil von Zähneputzen, wichtig ist nur die Regelmäßigkeit, damit das Hirn in Bezug auf Glücksforderungen umdenkt. Wie ein Mantra sollen Sie es sich täglich aufsagen.

Sie müssen das »Mach mich glücklich!«-Denken durch ein anderes ersetzen und dieses einüben. Am besten, Sie sagen es sich täglich laut vor. Statt »Mach mich glücklich!« sollten Ihre Synapsen im Hirn sich zu »Ich erwarte nichts außer Respekt« kurzschließen.

Übrigens funktioniert das auch andersrum – wenn Ihr Mann Sie grantig anpflaumt, weil ihm etwas nicht passt, fragen Sie ihn einfach, ob er erwartet, dass Sie ihn glücklich machen sollen. Ihr Mann wird das zunächst abstreiten oder nicht verstehen, was diese Frage überhaupt soll – aber ab und zu wird es dann auch bei ihm aufblitzen als Überlegung: »Vielleicht erwarte ich doch zu viel?«

Das klingt zu banal? Zu einfach? Nicht glaubwürdig

genug? Die Kraft der Methode liegt eben nicht in der Erkenntnis, sondern im mantrahaften Einüben der anderen Denkstruktur. Und dazu brauchen Sie nur eins – eine klitzekleine Disziplin. Sagen Sie sich den Spruch jeden Tag laut vor. Schon nach ein bis zwei Wochen wird der Satz seine Wirkung zeigen. Wählen Sie aus den folgenden Seiten die Sprache aus, die Ihnen am besten gefällt und keiner in Ihrer unmittelbaren Nähe versteht. (Meine Übersetzung ist allerdings nicht immer mit Gewähr.) So können Sie Ihr kleines Mantra gut verbergen, und keiner kommt Ihnen auf die Schliche. Außerdem lernen Sie nebenbei vielleicht auch noch ein paar exotische Vokabeln, mit denen Sie bei der nächsten Party angeben können!

Esperanto:
~~Mach mich glücklich!~~ → Mi nur atendas respekton.

Hawaiisch:
~~Mach mich glücklich!~~ → 'Imi wale wau i ka mahalo.

Hindi:
~~Mach mich glücklich!~~ → मैं केवल सम्मान की अपेक्षा करता हूं

Irisch:
~~Mach mich glücklich!~~ → Níl súil agam ach meas.

Japanisch:
~~Mach mich glücklich!~~ → 私は尊敬だけを期待する

Maori:
~~Mach mich glücklich!~~ → Ko te tumanako anake ahau.

Persisch:
~~Mach mich glücklich!~~ → فقط احترامی جای دارم.

Russisch:
~~Mach mich glücklich!~~ → Я только ожидаю уважения.

Suaheli:
~~Mach mich glücklich!~~ → Mimi tu kutarajia heshima.

Zulu:
~~Mach mich glücklich!~~ → Ngilindele ukuhlonishwa kuphela.

Sex ist out, sieben ist in …

…sagen die Scherzkekse am Nebentisch, alle so um die 60 Jahre alt, Ex-Hippies, und meinen damit … tusch! … das Aufstehen am Morgen um sieben Uhr. Ihre Frauen lächeln gequält dazu – und ich könnte mich fremdschämen für diese Typen. Es mag ja sein, dass wir nicht mehr die Nächte durchvögeln und stattdessen pflichtbewusst um sieben Uhr aufstehen. Aber muss man das so peinlich durch die ganze Kneipe posaunen?

Ich stehe auf, verlasse das Lokal und beschließe, im nächsten Leben eine südkalifornische Möwe zu werden. Denn bei bestimmten Arten dieser Vögel bleiben die Weibchen lieber unter sich. Die Weibchen balzen sich gegenseitig an, bauen zusammen ein Nest und verteidigen gemeinsam das Revier. Männchen sind nur als Samenspender von Interesse. Zu diesem Zweck sucht sich ein Weibchen einen männlichen Vogel, lässt sich von ihm die Eier befruchten – und kehrt dann wieder zur Frauenkolonie zurück. Dieses Vogelleben hat bestimmt auch seine Nachteile, aber ganz sicher einen entscheidenden Vorteil: Peinliche Kommentare zum Sexualverhalten vom Nest nebenan müssen sich die Möwen nicht anhören.

Ist irgendwas?

Meine ehemalige Kollegin Bea ruft an und fragt mich, ob ich nicht Lust hätte, mit ihr am Freitag ins Theater zu gehen. Sie hätte zwei Karten für »Leonce und Lena« geschenkt bekommen, ich sei doch schon immer eine Theaterliebhaberin gewesen, und außerdem wäre es ein schöner Anlass, sich mal wieder zu sehen. Ja, allerdings, freue ich mich, denn Bea und ich, die wir uns eigentlich immer gut verstanden hatten, haben uns aus den Augen verloren und schon ewig nichts mehr voneinander gehört. Und ja, ich war tatsächlich schon immer eine Theaterliebhaberin, aber diese Leidenschaft schlief in letzter Zeit doch etwas ein – wie eine andere hier aus Gründen des Jugendschutzes nicht näher ausgeführte Leidenschaft auch.

»Super, danke!«, sage ich zu und kehre zu Alex, der abends auf dem Sofa vor der Glotze lümmelt, zurück.

»Stell dir vor ...«, beginne ich.

»Hab ich schon mitgehört, muss ich mir nicht vorstellen«, unterbricht er mich. »Du gehst am Freitag mit Bea ins Theater.«

Welche Laus ist dem denn während meines kurzen Telefonats über die Leber gelaufen? Meine erste Vermutung hinsichtlich einer gaaaanz unglaublich unverdienten Niederlage in irgendeiner Sportart kann nicht stimmen, denn um diese Uhrzeit laufen weder Formel 1 noch Fußball noch irgendein anderer Wettkampf – also keine dieser Second-Hand-Erlebnisse, die bei mir schon länger den Eindruck erwecken, dass das reale Sozialleben meines Mannes außerhalb des Jobs nur noch aus drei Komponenten besteht: 1. Familie, 2. Familie, 3. Familie. Ich will ja

143

nicht klagen, es ist ja wunderbar, dass sich mein Mann nicht wie mein Onkel Paul jeden Abend im Wirtshaus mit dem Stammtischlern besäuft und »Familienleben« nicht mal mehr buchstabieren kann. Aber die Hobbys meines Mannes werden zunehmend einsamer (oder kennen Sie sonst jemanden, der im Selbststudium Altpersisch lernt?) oder finden in einer Gemeinschaft statt, die emotionale Gesprächsebenen nicht gerade fördern (oder kennen Sie jemanden, der sich am Schießstand mit Kopfhörern auf den Ohren mit dem Trainingsnachbarn über Probleme im Job unterhält?). Aber gut, Männer verstehen unter sozialer Nähe auch schon mal, einen Kumpel aus der Schulzeit nach 20 Jahren wiedergetroffen und tatsächlich nachgefragt zu haben, ob er eigentlich liiert sei. Wahnsinn! Was für eine aufdringliche Frage! Was für ein Mut, sich so zu öffnen (nicht durch die Antwort, sondern alleine durch die Frage!). Wenn Männer jedoch auf diese Art und Weise glücklich sind, geht mich das ja wohl nichts an, ich will ja niemanden ungebührend irgendeine Lebensweise vorschreiben, noch nicht einmal meinem Mann!

Was mich aber sehr wohl etwas angeht, ist, wenn Alex nach meinem Telefonat mit Bea plötzlich grantig vor sich hin brummt. Nicht bloß in einer Abendlaune, sondern auch noch am nächsten Tag beim Frühstück. Kurz angebunden glotzt er in die Zeitung, spricht nur mit den Kindern in normalen, ganzen Sätzen und sagt zu mir bloß mit Blick auf das Frühstücksgeschirr: »Später!« Da ich nicht davon ausgehe, dass mein Mann gestern um 20.49 Uhr plötzlich sein Sprachvermögen im Gehirnareal »Ehefrau« verloren hat, hilft alles nichts – ich muss einfach nachfragen, was los ist, obwohl ich eigentlich schnell ins Büro kommen möchte.

»Ist irgendwas?«, frage ich wider besseren Wissens. Denn noch nie, nie, nie in meinem Leben habe ich auf diese

Frage eine ehrliche Antwort erhalten nach dem Motto: »Mich stört, dass du nach nur acht Jahren schon wieder erwartest, ich solle den Keller aufräumen.« Wenn etwas noch sicherer ist als das Amen in der Kirche, dann die Antwort meines Mannes auf die Frage: »Ist irgendwas?«

»Nein, nichts!«

Im Gegenteil, diese Frage scheint geradezu der Auftakt für ganz großes Kino zu sein.

Dieses läuft normalerweise so ab: Zuerst dreht sich die Schweigespirale ins Unendliche weiter. Dann folgen Ergründungsversuche meinerseits mit psychoanalytischen Ausmaßen (eine Freud'sche Analyse dauert im Schnitt sieben Jahre). Und schließlich kommt irgendwann von ihm: »Was laberst du denn die ganze Zeit, kannst du nicht ganz einfach unkompliziert nachfragen?«

Entsprechend hätte ich mir auf die Zunge beißen können, nachdem ich eben gefragt habe: »Ist irgendwas?«

»Nein, nichts«, antwortet Alex erwartungsgemäß.

»Komm, sag schon, da ist doch irgendwas.«

»Was soll schon sein? Ich muss ins Büro!«

»Ich auch. Also: Sag schon. Lass uns einfach mal die Wege abkürzen.«

»Als ob sich da Wege abkürzen ließen. Wenn es in die Tiefe geht.«

»Aha. Es geht in die Tiefe. Also ist doch irgendwas.«

»Nein, nichts, also nichts, was man so zwischen Tür und Angel besprechen könnte.«

»Also ist doch irgendwas, das in die Tiefe geht«, beharre ich.

»Nein, nichts Tiefes. Eher Oberflächliches.«

»Dann können wir es aber auch zwischen Tür und Angel besprechen, wenn es oberflächlich ist.«

Jetzt ist Alex in die Enge getrieben. Aus der Nummer

kommt er nicht mehr raus. Ihm bleibt nur noch die Flucht nach vorne.

»Immer gehst du mit anderen aus, und für mich hast du nie Zeit.« Sagt er, packt seine Tasche und verschwindet ins Büro.

Ich bleibe wütend mit offenem Mund zurück. Unser Geschirr hat Glück, dass mein Chef auf mich wartet, denn sonst könnte ich nicht dafür garantieren, dass es nicht einen Ausflug vom sechsten Stock in den Hinterhof macht.

»Immer«, »mit anderen ausgehen«, »nie Zeit für mich«. Wie bitte?!

Seit fünf Jahren war ich nicht mehr im Theater. Bea habe ich gefühlt zehn Jahre nicht mehr gesehen. Und die letzten Mädelsabende habe ich schlichtweg verschlafen, weil ich zu müde gewesen bin. »Immer« höre ich nur ihm zu, wenn er mir zum 7984. Mal erklärt, wie bitter es ist, dass er jeden Tag trainieren muss, damit sich sein Bauch nicht mehr so vorwölbt, das Schicksal also eine spezielle Gemeinheit ihm gegenüber ausgeheckt hat. Unglaublich, aber wahr: Bis zum 30. Lebensjahr konnte er essen, was er wollte, und blieb immer noch in Form. Und jetzt? Ohne tägliche Mühen ginge gar nichts mehr. Wie bitter. Und dann noch der Gipfel: Jetzt könne er auch das Kleingedruckte auf den Olivenölflaschen nicht mehr lesen und brauchte eine Lesebrille! Mein Hinweis, dass es in jedem Drogeriemarkt so eine Sehhilfe für zwei Euro zu kaufen gibt (siehe auch das Kapitel »Wie die Karnickel«), verhallte so lange im Nirwana, bis ihm ein Kollege selbiges empfahl und Alex daraufhin freudestrahlend mit der Sehhilfe heimkam und meinte: »Stell dir vor, Schatz, Andreas hatte einen super Tipp, beim Drogeriemarkt um die Ecke gibt es Lesebrillen für nur zwei Euro! Jetzt kann ich wieder alles lesen!« Falls Sie dieses Phänomen noch nicht kennen, es heißt »partielle

Ehefrauentaubheit«. Denn wenn ein anderer Mann das Gleiche wie Sie sagt, versteht Ihr Gatte das sofort!

Jedenfalls verlagerte sich die ausgewachsene Beratungsresistenz jetzt auf das Thema altersbedingte Wadenmuskelverkürzung. Denn in Wahrheit will mein Mann auch nicht primär Tipps von mir, sondern möchte schlichtweg seinen körperlichen »Verfall« beklagen. Und den hat natürlich nur *er*. Sonst kein anderer Mensch in seinem Alter. Und seine Ehefrau natürlich auch nicht – seine Ehefrau, die er zwar fast täglich mit so einer Zwei-Euro-Antifaltenmaske aus dem Drogeriemarkt herumlaufen sieht, aber den Zusammenhang zwischen dieser Maske zu einem »körperlichen Verfall« nicht herstellen kann. Nur *er* ist so arm dran, nur *er!* Sie verstehen schon.

Aber zurück zum Thema. Also »immer« gehe ich mit meiner Ex-Kollegin ins Theater und hätte keine Zeit für ihn. (Zeit, um ihn angesichts seines körperlichen Verfalls zu bemitleiden?) Es kocht in mir. Es kocht über in mir. Das war der Tropfen zu viel, der das Fass zum Überlaufen bringt. Auch mir fällt es im Alltag nicht immer leicht, Freundschaften gebührend zu pflegen (siehe Bea). Und aus Phlegma habe ich bestimmte Leidenschaften wie die für das Theater verloren – ich war schlichtweg zu faul, mich diesbezüglich auf dem Laufenden zu halten und mich um Karten zu kümmern, und habe es mir in Gewohnheiten zu gemütlich eingerichtet. Und nun, da ich nur für einen Abend mal meinen Wertesten hochkriege, einmal auf- und ausbreche, wirft er, ausgerechnet er, mir das vor. Kann ja nicht wahr sein! Darf ja nicht wahr sein. Was für einen Mann habe ich da eigentlich geheiratet? Einen, der sich schnurstracks nach der Beziehungsschließung in die sozial verkrüppelte Hängematte der Familie fallen gelassen hat? Eine emotionale Hängematte, für dessen Maschen und Knüpfen selbstverständlich ich, der weibliche Part, zuständig bin?

Nee, Alex, nicht mit mir. An diesem Morgen auf dem Weg ins Büro, vier Tage vor jenem geplanten Theaterbesuch mit Bea am Freitag, beschließe ich, meine Beziehung (aus der auch noch eine Ehe wurde) noch einmal zu überdenken. Nein, nicht nur meine Beziehung, sondern auch mein Leben. Was trieb mich eigentlich damals in die Arme von Alex? Was habe ich mir eigentlich über all die Jahre schon alles gefallen lassen? Wie blöd kann frau eigentlich sein, sich das Leben von so einem Hirni neben sich versauen zu lassen? Hab ich sie eigentlich noch alle? 32 Jahre einfach so weggeworfen! Und jetzt hab ich Falten, graue Haare und mein Dasein an so einen unwürdigen Kerl vergeudet. Selbst schuld. Ich hätte früher schon die Reißleine ziehen sollen!

Aber, denke ich beim Betreten des Büros: Es ist nie zu spät! Was sind schon Zahlen? Dann sind es eben 32 Jahre. Rein statistisch habe ich noch weitere 32 Jahre Leben vor mir. Also rein rechnerisch kann ich diese ganzen miesen Jahre mit Alex gerade noch mal ausgleichen, wenn ich jetzt noch die Kurve kriege. Das ist meine letzte Chance, mich von diesem Tyrannen zu befreien, um noch eine einigermaßen positive Lebensbilanz hinzukriegen. Denn er ist ein Tyrann, was sonst? Einer, der aus einem harmlosen Telefonat mit einer Ex-Kollegin ein massives Eheproblem konstruiert, einer, der mich dramatisch unter Druck setzt und für seine Zwecke funktionalisieren will! Nichts anderes ist ein Tyrann! Und ich mache das alles mit! Shame on me, denn ich verrate damit nicht nur mich, sondern auch die ganze Frauenbewegung, angefangen bei Suffragetten in England Ende des 19. Jahrhunderts über die kämpfenden Frauen für eine Studienzulassung an Universitäten Anfang des 20. Jahrhunderts bis hin zu einer Alice Schwarzer zum Ende des 20. Jahrhunderts. Von der Gruppe Femen und ihren politischen Aktionen rede ich jetzt erst gar nicht – ich krieg ja nicht mal die Befreiung aus meiner eigenen Tyrannei auf die Reihe! Habe ich nicht neulich sogar mit dem Gedanken gespielt, mir eine »Shaping-Jeans« zu kaufen? Das ist das Mieder im neuen Gewand, nur anders bezeichnet. »Nieder mit dem Mieder« war mal das Motto kurz nach 68. Und ich habe mir fast so eine Jeans bestellt – und ich habe 32 Jahre neben Alex gelebt. Was für ein dummes, unemanzipiertes Hascherl ich doch bin, das alles mit sich machen lässt!

Es ist keine Ausrede, aber nach 32 Jahren und mit zwei gemeinsamen Kindern trennt es sich wiederum nicht so leicht. Als Pragmatikerin entscheide ich, einen Schritt nach dem anderen zu machen, cool zu bleiben, selbstverständlich noch einmal eine Nacht darüber zu schlafen, ohne den Vorsatz, mich von diesem Tyrannen zu befreien, aufzugeben, und vor allem auch: erst mal Abstand zu allem kriegen. Das Passendste dazu ist der Theaterbesuch mit Bea. Theater und Kunst öffnen den Kopf. »Leonce und Lena« ist außerdem ein Stück über ein Liebespaar, das kann mir auch noch neue Horizonte erschließen.

Trotzdem rechne ich am Donnerstagabend vor dem Einschlafen im Bett schon mal durch, was es kosten würde, eine eigene Wohnung zu suchen und zu bezahlen. Was bezahlen wir eigentlich für Strom? GEZ? Was haben wir sonst noch für Fixkosten? Hm, eigentlich mache ja alles ich, aber gewisse klitzekleine Teilbereiche hat offenbar doch auch Alex übernommen. Was kostet eigentlich der Gitarrenkurs von Lukas, den Alex bezahlt? Warum bringt sich eigentlich der Müll nicht alleine in die Tonne? Und wer um Himmels willen hat Betten erfunden, die spätestens alle vier Wochen neu bezogen werden müssen? Das kann auch nur ein Mann gewesen sein, der seine Frau abhängig halten will, indem er das erledigt!

So gewappnet gehe ich zum Theater und nehme mir vor, die Gelegenheit beim Schopf zu ergreifen und Bea mein geschundenes Herz auszuschütten, bei dem Drink, den wir nach dem Kultur-Event sicherlich noch zu uns nehmen werden.

Bea sieht schlecht aus. Alt. Ganz alt. Zu alt. Taktvoll verschweige ich meinen Eindruck. Ihre Augen liegen tief und verletzt in den Augenhöhlen. Auch das merke ich logischerweise nicht laut an. Wir ratschen über gemeinsame Bürozeiten, lauschen dem zufällig nebenan im Kulturhaus probenden Orchester und genießen die Vorführung des Stücks, das Liebe »andersrum« erzählt. Denn Leonce und Lena bestehen nicht auf die Liebe und fügen sich in ihr Schicksal, um hinterher festzustellen, dass sie damit genau den Sechser im Lotto gezogen haben. Also neu übersetzt: Erst im Loslassen gelingt die Liebe. Das hat zweifellos immer noch Aktualität, und genau deshalb wird das Stück auch heute noch so oft aufgeführt.

»Trinken wir noch einen Prosecco?«, fragt mich Bea nach der Aufführung erwartungsgemäß.

»Klar doch, gerne!«, antworte ich und überlege, wo ich nach so einer Lücke zwischen den Begegnungen beginne, ihr zu begründen, warum meine Ehe am Ende ist. Ja, ich weiß, morgen werde ich jedes Glas Prosecco bitter büßen. Wo ich früher Nächte durchzechte, spüre ich heute jeden Tropfen schon, bevor ich ihn überhaupt trinke. Aber jetzt geht es schließlich gleich ums Große und Ganze, um meine Ehe. Da ist das egal.

Und dann ist plötzlich wirklich alles egal – denn mit einem Mal interessieren mich weder ein Alex mit seinen

150

Besitzansprüchen und seiner Sozialphobie noch meine pe-
kuniären Überlegungen mit Blick auf eine mögliche Scheidung. Beas Satz fällt wie eine geistige Axt über mich und
meine Überlegungen. Mitten im Small Talk nach der Thea-
teraufführung erklärt sie beim Prosecco: »Gerhard ist tot.«

»Wie, dein Mann ist gestorben?«, frage ich. Blöder geht
es ja wohl kaum. Ich könnte mich in Grund und Boden
dafür schämen.

Bea nickt.

»Zwei, drei Jahre hab ich mich nur zurückgezogen. Ins
Schneckenhaus verkrochen. Jetzt geht es allmählich wieder.
Ich rufe Leute wie dich an und gehe auch wieder aus. Ich
habe ihn so oft für alles verwünscht, die ganzen Kleinigkei-
ten im Haushalt, die ganzen kleinen Streitereien und dass er
so schnell beleidigt war. Und jetzt vermisse ich das alles so.
Jeden Tag, in jeder Sekunde fehlt er mir. Heute noch.«

Entsetzt starre ich Bea weiter an.

»Witwe sein fühlt sich sehr leer an«, sagt Bea.

Ich nehme Bea in den Arm. Was soll ich auch tun, wenn
ich keine Worte finde, aber auch nicht völlig asi sein will,
wie meine Kinder sagen würden? Selbstverständlich erzähle ich auch nichts vom Zoff und meinen Überlegungen,
mich wegen Alex' Reaktion auf diese Theaterverabredung
zu trennen. Beas Mann ist weg – weg für immer. So, wie
meine Mutter mir immer erzählt, wer plötzlich »geholt«
wurde. Der Typ mit 45 (zwölf Jahre jünger als dein Mann!)
oder die Frau mit 61 (kaum älter als du!).

»Witwe« war für mich bisher immer nur ein überflüssiger Begriff in irgendwelchen blöden Formularen oder für
uralte Tanten, die den Mann im Krieg verloren hatten.
Aber das kann doch hier und heute gar nicht passieren?

Bea erklärt, dass sie vorher gedacht hatte, so etwas könne
nur älteren Herrschaften geschehen – und nun sei sie selbst

davon getroffen worden. Im Schnitt endeten zwei von drei Ehen in Deutschland durch den Tod des Partners und nicht, wie sie früher vermutet hatte, durch Trennung oder Scheidung. Die Liebe »für immer« gäbe es also nicht bloß in der Illusion, sondern tatsächlich – wenn auch nicht für ewig.

Nachts schleiche ich mich leise zu Alex ins Bett. Er schläft schon. Ich stelle fest, dass es ganz schön blöd wäre, wenn er plötzlich nicht mehr hier wäre. Ich würde sogar sein Schnarchen vermissen und seine stundenlangen Ausführungen zum körperlichen Verfall. Und ich könnte mich über niemanden mehr aufregen, der mir vorwirft: »Immer gehst du mit anderen aus!«

Natürlich weiß ich, dass es Unsinn ist, Essen plötzlich mehr wertzuschätzen, weil Menschen in Afrika hungern. Bloß nicht Äpfel mit Birnen vergleichen! Armut ist auch abhängig von der Umgebung. Und aus einem Alex wird noch lange kein Heiliger, nur weil andere Gatten vor der Zeit sterben. Aber ein wenig rückt es mir offenbar doch den Kopf zurecht.

Denn am nächsten Morgen kann ich gar nicht anders, als Alex zu umarmen, ihn zu küssen und ganz herzlich zu ihm zu sein, so als wären die vergangenen Tage völlig unbeschwert gewesen.

»Ist irgendwas?«, fragt mich mein Mann misstrauisch, obwohl er sich sichtlich über meinen plötzlichen Sinneswandel freut.

»Nein, gar nichts. Was soll schon sein?«, erkläre ich.

»Komm, sag schon, da ist doch irgendwas«, beharrt er.

Soll ich ihm jetzt die Wahrheit sagen? Dass ich mich darüber freue, dass er noch lebt? Nein, ich beschließe, auch mal auf Mann zu machen.

»Da ist nichts!«

»Na gut, wenn nichts ist, dann ist eben nichts. Mir glaubst du das zwar nie, aber ich dir. Aber wenn dir das so guttut, dann solltest du öfter mit einer Freundin ausgehen.«

Test: Sind Sie ehetauglich?

(für Männer)

Vergeben Sie Punkte zwischen null und zehn. Null trifft »null« zu, zehn trifft voll zu.

Bügeln ist meine Leidenschaft.

⓪ ① ② ③ ④ ⑤ ⑥ ⑦ ⑧ ⑨ ⑩

Auf Sex kann ich gut und gerne auch mal länger verzichten.

⓪ ① ② ③ ④ ⑤ ⑥ ⑦ ⑧ ⑨ ⑩

Ich spreche gerne über Gefühle.

⓪ ① ② ③ ④ ⑤ ⑥ ⑦ ⑧ ⑨ ⑩

Aufräumen und putzen macht mir Spaß.

⓪ ① ② ③ ④ ⑤ ⑥ ⑦ ⑧ ⑨ ⑩

Eine weinende Frau halte ich nie für emotionale Erpressung.

⓪ ① ② ③ ④ ⑤ ⑥ ⑦ ⑧ ⑨ ⑩

Gewohnheiten aufzugeben fällt mir extrem leicht.

⓪ ① ② ③ ④ ⑤ ⑥ ⑦ ⑧ ⑨ ⑩

Sport und meine Kumpels sind zwar wichtig – aber ein Familienbesuch ist immer wichtiger.

⓪ ① ② ③ ④ ⑤ ⑥ ⑦ ⑧ ⑨ ⑩

Wenn ich erst verheiratet bin, interessiert mich die Schönheit anderer Frauen nicht mehr die Bohne.

⓪ ① ② ③ ④ ⑤ ⑥ ⑦ ⑧ ⑨ ⑩

Karriere ist mir egal – ich kümmere mich lieber um die Kinder.

⓪ ① ② ③ ④ ⑤ ⑥ ⑦ ⑧ ⑨ ⑩

Über die neue Mode könnte ich mich stundenlang unterhalten.

⓪ ① ② ③ ④ ⑤ ⑥ ⑦ ⑧ ⑨ ⑩

Zählen Sie Ihre Punkte zusammen.

Test: Sind Sie ehetauglich?

(für Frauen)

Lassen Sie den Mann Ihrer Wahl den vorherigen Test machen.

Hat er mehr als 50 Punkte – Finger weg von ihm!

Heiraten Sie ihn niemals, denn er lügt wie gedruckt.

Gedankenrallye

Ein Ü-50-Paar sitzt in der klassischen Rollenverteilung im Auto. Er fährt, sie sitzt auf dem Beifahrersitz. Beide schweigen und sprechen nicht aus, was sie denken.

ER Schön, wenn man mal nicht für jede Strecke ein Navi braucht. Kann man mal wieder ohne diese Ansagen dazwischen Musik hören.

SIE Da braucht es mal kein Navi, und dann kommt er mit den ollen Beatles daher. Bloß weil er nicht mit mir reden will.

ER Darf nicht wahr sein ... das ist ja ein Porsche 918 Spyder vor uns! Was der für einen Sound hat. Dieser Motor!

SIE Wieso dreht er jetzt leiser? Will er mich vielleicht doch noch fragen, was ich eigentlich gerne für eine Musik hören möchte?

ER Davon wurden nur 918 Modelle gebaut. Mann! Was für ein Wagen! Der hat nicht nur einen V8 mit 600 PS, sondern auch noch zwei Elektromotoren mit 180 PS.
Wann sieht man denn so einen schon! Und jetzt biegt er ab. Schade!

SIE Ich fasse es nicht! Er dreht sich zu dieser Blondine um, obwohl ich neben ihm sitze! Hat er jeden Anstand verloren? Und jetzt öffnet er auch noch das Fenster! Fehlt bloß noch, dass er ihr nachpfeift.

ER Dieser Sound. Motorgeräusche vom Feinsten!

SIE Der verrenkt sich noch den Hals! Das ist der Gipfel!

ER Und da ist auch noch eine Blondine. Früher hätte ich heimlich *der* nachgeschaut.

SIE Diese strahlenden Augen hatte er nur in der ersten Verliebtheit mit mir. Schämt der sich nicht einmal?

ER Und weg ist er. Was für ein Wagen! Schade. Der Fahrer hat's echt zu was gebracht. Aber gut, dafür hab ich Familie. Hat der bestimmt nicht, sonst könnt er sich keinen 918er leisten.

SIE Und jetzt macht er die Musik wieder lauter. Alles klar. Die junge Blonde ist weg, jetzt sitz nur ich Alte neben ihm. Die mag er nicht anschauen. Und auch nicht mit ihr reden.

ER Trotzdem. Den Ferrari LaFerrari, den würd ich mir kaufen, wenn ich so viel Schotter hätte.

SIE Wenn der jetzt so unverhohlen einfach so einem jungen Ding nachschaut, möchte ich nicht wissen, was der früher so getrieben hat. Er war ja nicht selten auf Geschäftsreise.

ER Wobei: Der Audi hat schon eine super Technologie. Stimmt ausnahmsweise mal der Werbespruch: Vorsprung durch Technik. Hab jede Geschäftsreise mit dem Audi super machen können, der hat mich nie im Stich gelassen.

SIE Oder ist das eine beginnende Demenz? Dass er nicht mehr merkt, dass ich neben ihm sitze und er einer jungen Blonden nachsieht? Er ist ja auch nicht mehr der Jüngste.

ER Mein Audi ist zwar auch nicht mehr der Jüngste. Aber so einen treuen Wagen muss man erst mal haben.

SIE Bei manchen Männern geht das ja schon früh los mit der Demenz oder auch mit Alzheimer.

ER Spinn ich?! Ein Bentley! Was ist denn heute auf dieser Straße los! Wow!

SIE Jetzt glotzt er schon wieder so. Ist da vielleicht schon wieder eine jüngere Blonde? Nein! Da vorne an der Ampel, die vollbusige Dunkle. Und ich Idiot mach mir Gedanken um seine Gesundheit!

ER Ist das ein Bentley-Sondermodell? Kenn ich gar nicht!

SIE Er hat jedes Schamgefühl verloren. Wenn er reich wäre, würde er sofort eine Jüngere heiraten.

ER Wenn ich reich wär, ich glaub, ich würd mir doch einen Bentley kaufen.
Schatzi schaut auch so komisch. Seit wann interessiert sie sich für Autos?

SIE Jetzt hat er offenbar bemerkt, dass ich ihn beobachtet habe. Bin ja mal gespannt, wie er sich herausredet.

ER Schatzi hätte sich keinen Fiat 500 kaufen sollen. Das ist doch kein Auto. Das ist eine Krankheit!

SIE Jetzt sieht er mich auch noch mitleidig an! Soll wohl heißen, er gibt mir die Schuld, dass ich nicht mehr so prall bin, dass er jungen Dingern nachschauen muss.

ER Sinnlos. Vollkommen sinnlos, ihr den Fiat 500 auszureden. Der sei so süß, hätte so eine schöne Farbe, und mit ihm würde sie überall einen Parkplatz finden. Absurd! Als ob das bei einem Auto wichtig wäre! Die weiß bestimmt nicht mal mehr, wie viele PS der hat.

SIE Der hat doch bloß noch junge Weiber im Kopf. Ich sollte aussteigen. Ich sollte ihn verlassen. Jetzt, sofort, an der nächsten Ampel!

ER Wieso starrt sie so zu dieser Ampel? Ah, der Bentleyfahrer gefällt ihr bestimmt, dieser Snob. Bloß weil der bestimmt das Dreifache von mir verdient. Plötzlich ist ihr ein Audi nicht mehr gut genug. Scheiß Bentleys! Und jetzt lächelt sie auch noch ... Es darf nicht wahr sein! Und wieso steigt sie jetzt aus? Wegen dem Kerl?
Schatzi?!

Abriss-Tipps zum Aufriss

Es soll in den besten Familien und im besten Alter vorkommen: Plötzlich liegt da morgens ein Typ in einem Hotelzimmer oder gar zu Hause neben Ihnen, und Sie wissen einfach nicht mehr, wie es dazu gekommen ist. Weder zu dem Typ noch zu den Umständen, noch zu einem Alkoholkonsum, der Ihrem Durchschnitt der vergangenen zehn Jahre entspricht.

»Aber nun gut, dann ist das eben so«, sagt es sich in diesem Fall eher nicht so leicht.

Selbstverständlich haben Sie es nicht nötig, als Ehefrau (vor allem ab einem bestimmten Alter) da noch irgendwelche Sperenzchen zu veranstalten. Es geht auch ganz einfach direkt: »Raus aus meinem Bett!«, oder: »Frühstücken kannst du zu Hause!« Oder Sie sagen ganz ehrlich: »War ein Fehler«, »Der Schwanz meines Ehemannes ist deutlich länger«, oder: »Verpiss dich so schnell wie möglich!«

Es geht aber auch deutlich humorvoller und eleganter, sich so eines Fehltritts zu entledigen. Und Frauen ab einem gewissen Alter haben ihren Spaß an der Charme-Offensive.

Hier ein paar Statements, die den Kerl ganz sicher viel effektiver in die Flucht schlagen als jede noch so andere deutliche Ansage. Sie werden ihn damit garantiert für immer los!

1. »Schau mal, das musst du sehen! Seit 1981 habe ich die neuesten Brautmoden-Artikel ausgeschnitten und gesammelt. In welchem Kleid soll ich dich heiraten?«

2. »Bitte geh schnell, mein Sohn, der in XY *(hier die nächste Stadt einfügen)* lebt, kommt gleich, um mit mir zu kuscheln wie jeden Vormittag! Wir haben ein ganz inniges Verhältnis.«

3. »Wie schön warm du bist! Der letzte Kerl in meinem Bett war verdammt kalt, als ich ihn zuletzt berührte.«

4. »Wie findest du ›Felix‹ oder ›Emma‹? Wir sollten unsere Kinder so taufen lassen.«

5. Googeln Sie »Tripper« und lassen Sie Ihr Handy mit den Suchergebnissen scheinbar zufällig neben ihm liegen, während Sie Frühstück zubereiten. Rufen Sie ihn zu Tisch mit den Worten: »Hier bist du vor nichts sicher!«

Sie & Er & WhatsApp-Verkehr

SIE
Kannst du noch einkaufen nach Büroschluss? Es ist nichts zum Abendessen da.
♥

ER
Wird eng. Chef will morgen schon um 9 Präsentation. Fehlen noch 3 Folien!!! Aber ich versuch es.

SIE
Muss wissen: Ja oder nein, ob ich Umweg zum Einkaufszentrum machen soll.

ER
Ich kann nicht.

SIE
Muss auch noch einen Text fertigkriegen.

ER
Ich war gestern erst einkaufen.

SIE
4 Semmeln = Einkauf?

ER
Ich arbeite fieberhaft an der Präsentation.

SIE
Ach, aber hier kannst du schreiben?

ER
Wenn ich das nicht tue, sagst du wieder, ich vernachlässige die Familie!

SIE
Was soll das heißen: »vernachlässigen«?
Ich brauch niemanden, der sich um mich kümmert.
Nur jemanden, der einkauft.

ER
Vernachlässigen – mein Gott, leg doch nicht jedes Wort auf die Goldwaage. Ich meine, wenn ich schon später heimkomme, haben wir wenigstens so noch Kontakt.

SIE
Ach, du kommst auch noch später heim?

ER
Präsentation morgen!!!

SIE
Was du nicht sagst.

ER
Kann ich jetzt weiterarbeiten, oder soll es noch später werden?

SIE
Du sollst dich nicht um mich kümmern, sondern nur einkaufen.

ER
Letzter Satz dazu: Wie soll ich nach der Arbeit noch einkaufen, wenn du mich ständig von der Arbeit abhältst???

SIE
Ich arbeite effektiv. Ich krieg das auch auf die Reihe.

ER
Das ist richtig unverschämt. Ich arbeite extrem effektiv!

SIE
Aber lang.

ER
Dann geh halt du einkaufen, wenn du effektiver bist! Ich hab jetzt keine Zeit mehr für so einen Scheiß.

SIE
Familie und ich sind also Scheiß? 💭

ER
Meine Fresse! Darauf geh ich nicht mehr ein. Früher hätte ich gefragt, ob du deine Tage hast.

SIE
Und heute?

ER
Ich arbeite jetzt weiter, geht das vielleicht mal? Genehmigt vom Drachen?

SIE
Drachen?

ER
Okay, war unter der Gürtellinie.
Wie »effektiver arbeiten«. 😼

SIE
Drachen? Mit einem Funken Wahrheit drin?

ER
Ja.

SIE
Wie? Ja? Einfach so?

ER
Ja. Einfach so.

SIE
Ich bin also ein Drachen?

ER
Hab ich nicht gesagt.

SIE
Aber geschrieben.

ER
Nicht so gemeint.

SIE
Die letzte faule Ausrede: Hab ich nicht so gemeint.

ER

Denk doch, was du meinst! Ich muss jetzt
endlich an die Präsentation ran.

SIE

Ach ja, und vorher war ich noch wichtig und die Familie.

ER

Mann! Du drehst jedes Wort um.
Hast du nichts zu tun?

SIE

Ich? Nichts zu tun? Ich muss immer einkaufen.

ER

Finis! Schluss jetzt.

SIE

Du brichst also einfach die Kommunikation ab?
Typisch Mann.

ER

Geht es Eva und Lukas gut?

SIE

Die hätten sich schon gemeldet, wenn was nicht passen
würde. Was soll das jetzt? Ablenkung?

ER

Ja. Anders krieg ich dich nicht mehr runter.
Darf ich jetzt endlich arbeiten?

SIE
Klar. Wenn du den Einkauf machst.

ER
Ich KANN nicht!

SIE
Das hab ich gemerkt.

ER
?

SIE
Heute Nacht.

ER
???

SIE
Hast du selbst gesagt: Ich KANN nicht. 😇

ER
Ah! SEHR witzig. 😒

SIE
Okay, war unter der Gürtellinie,
im wahrsten Sinne des Wortes. 😄😄😄

ER
Aber ich kann immer noch öfter als du. 😏

SIE
Schön für dich.

> **ER**
> Für dich nicht?

> **SIE**
> Komm schon, das ist albern.

> **ER**
> Ich komme! (Bin albern!)

> **SIE**
> Und ich kann kommen, wenn du früher kommst (also heim).

> **ER**
> Okay, gute Aussichten.

> **SIE**
> Aber nur MIT Einkauf.

> **ER**
> Okay. Gerne! Und dieser Zirkus hier hat dann auch ein Ende. In dieser Zeit mit Tippen hätten wir beide schon längst eingekauft.

> **SIE**
> Ziel erreicht!
> Ich liebe dich unendlich!

Je suis Alex

Vor 20 Jahren habe ich mal ein rotes T-Shirt mit der weißen Wäsche gewaschen. Das Ergebnis: Mein Mann hatte viele rosa Unterhosen, Socken und T-Shirts. Nein, das war kein Versuch, meinen Mann zur Treue zu zwingen – denn in einer rosa Unterhose wäre er sicherlich nicht fremdgegangen. Es war ein Versehen, wirklich! Mindestens zehn Jahre lang musste ich mir daraufhin anhören, ob ich beim Wäschesortieren auch wirklich achtgegeben hätte oder ob er nun wieder mit rosa Unterwäsche rechnen müsse. Selbstverständlich habe ich jedes Mal gekontert: »Dann mach halt *du* die Wäsche«, woraufhin mein Mann selbstverständlich die Wäsche *nicht* machte – bis ihm später wieder einfiel, es könne ja wieder ein rosa Unglück passieren, und er mich zur Achtsamkeit mahnte. Hätte uns in diesen zehn Jahren ein Geist beobachtet, hätte er vermutlich gedacht: »Die spinnen doch! Die sagen doch beide jede Woche das Gleiche.«

Aber nicht nur ein rotes T-Shirt kann abfärben – ein ganzer Mann kann abfärben. So ist es jedenfalls bei mir und auch bei meinen Freundinnen, die länger liiert sind. (Bei schwulen Paaren sieht man hin und wieder ganz deutlich, wie auch der Modegeschmack aufeinander abfärbt: Brillen, Bart, Kleidung und Styling ähneln sich oft extrem.) Meinem Mann war es beispielsweise immer lieber, dass ich rechts und nicht links von ihm gehe – und mittlerweile fühle ich mich unwohl, wenn jemand rechts von mir geht, und bitte den Begleiter oder die Begleiterin, ob er oder sie nicht links von mir gehen könnte. Da mein Mann Salat liebt, gibt es diesen zu jeder Mahlzeit. Wenn ich nun irgendwo eingeladen bin und es wird kein Salat dazu serviert, schmeckt es mir nicht ganz so gut. Wenn jemand lautstark und ohne Aufforderung oder Anlass seine politischen Ansichten kundtut, regt mich das jetzt auch auf wie früher nur meinen Mann, obwohl mir das vor 32 Jahren noch völlig egal gewesen ist. Damals hatte ich mir gedacht: »Na, dann steigern sich die Leute eben hinein, was soll's?« Heute sehe ich das immer öfter mit der Brille meines Mannes: Wer sich mit gesellschaftspolitischen Ansichten dermaßen exponiert, hat ein anderes Problem, vermutlich mit seinem Ego.

Kikki und ich haben neulich gescherzt, darüber froh sein zu können, dass wir Gott sei Dank nichts Schlimmeres von unseren Männern übernommen haben, etwa mit vollem Mund zu reden oder – wie im Falle von Alex – das extrem nervige rhythmische Fingerklopfen auf den Tisch, wenn er gestresst ist oder warten muss. Dann trommeln seine Fingerkuppen lautstark auf dem Autodach, dem Fenstersims oder eben dem Esstisch.

Übernommen habe ich allerdings von ihm sein Faible für Linguistik und Etymologie. Wenn bisweilen Begriffe fallen wie »bierernst«, diskutiere ich mittlerweile mit meinem Mann darüber, woher diese Ausdrücke wohl stammen. Also warum heißt es eigentlich »bierernst«, obwohl man doch unter Bier, also unter Alkoholeinfluss, einiges nicht mehr so ganz ernst nimmt? Wenn ich zwei Gläser Bier getrunken habe, regen mich niemals abzuarbeitende To-do-Listen, unaufgeräumte Kinderzimmer sowie Gatten, die gefühlte zehn Stunden besprechen müssen, ob wir nun das billigere oder das teurere Brot einkaufen, viel weniger auf als sonst.

Mir geht es wie Britta, die zwar so oft von ihrem Mann räumlich getrennt lebt, aber seine Angewohnheit übernommen hat und immer nachguckt, ob der Herd auch ausgeschaltet ist, wenn sie das Haus verlässt. Oder wie Kikki, deren Gatte ein Autonarr vor dem Herren ist und alle Leute, die nicht mindestens einen Porsche fahren, für höchst suspekt hält. Kikki selbst fährt einen kleinen Toyota – und ihr Mann steigt selbstredend niemals zu ihr in das Fahrzeug, wenn er nicht gerade eine Kreislaufschwäche mitten in der Pampa ohne Handymast und also keine Notrufmöglichkeit hat. Und selbst in so einer Situation, die Kikki und er tatsächlich vor einiger Zeit erlebten, nörgelte er auf dem Weg zur nächsten Klinik noch herum: »Ist das peinlich, in so einer Schrottkarre zu fahren!« Kikki ließ sich davon nicht beeindrucken und forderte im Sinne eines »Halte durch! Überlebe! Ablenkung! Rede!« ihren Mann dazu auf, ihr auf dem Weg ins Krankenhaus doch endlich einmal mehr über Fahrzeuge zu erzählen. »Was ist das für eine Marke, die uns da entgegenkommt? Taugt der Motor etwas? Welche Stärken hat das Fahrgestell?« Kikki interessierte das in Wirklichkeit natürlich nicht die Bohne, aber so brachte sie ihren Mann jedenfalls quicklebendig zur nächsten Notaufnahme.

Seitdem, so Kikki scherzend, leide sie unter einer posttraumatischen Belastungsstörung: Sie sehe die Fahrzeuge auf den Straßen nun ständig durch die Brille ihres Mannes. Da sei ein Audi mit Allradantrieb, da ein neues Mercedes-Modell und dort ein BMW-Cabrio mit Hardtop – wobei Kikki vorher niemals auf die Idee gekommen wäre, zwischen einem Hart- oder Stoffdach bei Cabrios zu unterscheiden. Dass es da verschiedene Ausführungen gäbe, wäre ihr vorher überhaupt nicht aufgefallen. Jetzt aber wisse sie: Ein Stoffdach gehöre ständig gepflegt, ein Hartdach hingegen sei »easy going« und »S-Klasse« (falls ich das begrifflich jetzt richtig zuordnen kann).

Wenigstens sind Alex Autos so piepegal wie mir auch, und er textet mich damit auch nicht zu. Ja, wir haben auch ein Auto, aber wir benutzen es eben, wie der Name schon sagt, nur als »Nutzfahrzeug«, wenn wir was von Ikea brauchen oder schwere Einkäufe tätigen. Dass wir in der Stadt leben, mit den vielen Möglichkeiten der öffentlichen Verkehrsmittel, erleichtert natürlich einen entspannten Umgang mit dem Wagen. Aber auch auf dem Land gibt es Männer, die Autos zuerst als nützliche Maschinen und erst danach als Fetisch sehen. Und umgekehrt gibt es auch in der Stadt Männer wie den Typen aus dem dritten Stock, der sich zwar nichts aus Autos macht und den Tiefgaragenstellplatz verkauft hat, aber den Marken- und Gerätekult nun auf das Fahrrad übertragen hat. Er schleppt sein Fahrrad immer nach der Benutzung in die Wohnung, weil das Teil über fünftausend Euro gekostet hat. Gut, das ist immer noch wenig im Vergleich zu einem Auto. Ich verstehe trotzdem nicht, warum es ein Auto für 80 000 Euro oder solche Fahrräder braucht. Aber nun ja, umgekehrt werden diese Kerle nicht verstehen, warum ich unbedingt eine Handtasche für 400 Euro haben musste, obwohl das uns beinahe die Haushaltskasse ruinierte.

Menschen sind einfach verschieden – und vor allem Männer und Frauen sind eindeutig verschieden. Dazu kommt auch noch die Kultur des Landes, in dem man aufgewachsen ist und die einen prägt. Das stelle ich später im Büro fest, als wir dort die Geschäftspartner aus Russland treffen, um ein gemeinsames Charity-Projekt zu besprechen. Diese Delegation besteht nur aus Frauen, die uns nicht mal richtig zur Begrüßung anlächeln. »Die sind alle bierernst«, denke ich spontan und: »Woher kommt dieser Begriff nun eigentlich?«

Schlimmer noch, ich denke, die sind richtig spaßbefreit und »verbiestert«.

So what? Dann sind die eben so. Ich muss mich ja nicht mit ihnen anfreunden. Wir besprechen uns weiter und planen das Projekt. Doch dann reißt eine meiner jungen Kolleginnen in einer Pause im Zusammenhang mit dem Projekt einen harmlosen Witz darüber, dass sie als Blondine schlecht einparken kann. Alle lachen, alle außer den Russinnen. Ich interpretiere deren Blicke als Verachtung dafür, wie unemanzipiert die junge Kollegin sei, und ärgere mich maßlos.

Was ist so schlimm daran, auch mal einen Witz über die unterschiedlichen Stärken und Schwächen der Geschlechter zu reißen? Als wäre frau einfach zu doof, zugleich für Geschlechterungerechtigkeiten aufmerksam zu sein und trotzdem darüber lachen zu können! Der Feminismus erweist sich einen Bärendienst, wenn er so bierernst und humorlos nicht auch einmal auf Abstand zu sich selbst gehen kann! Wirklich total bierernst, diese Russinnen, denke ich. Woher der Begriff bloß kommt?

Während ich darüber noch sinniere, stößt mich die junge Kollegin diskret mit dem Ellbogen an und raunt mir zu: »Entschuldige bitte, wenn ich das so sage: Aber das macht mich total nervös und bringt mich aus der Fassung – das Trommeln deiner Finger auf dem Tisch!«

Du lieber Himmel! Je suis Alex!

Du lieber Himmel zum Zweiten! Denn daheim erklärt mir Alex nach meinem Bericht vom Geschäftstreffen, dass es bei Russen als unhöflich und aufdringlich gilt, Fremde anzulächeln.

Der richtige Riecher

Jahrzehntelang habe ich mir keine Gedanken darum gemacht, welches Rasierwasser, Duschgel oder gar Deo mein Mann benutzt. Auf das Deo kam mein Mann überhaupt erst sehr spät, er hielt das immer für »Weiberkram« (oder in seiner offiziellen Wortwahl: »Das ist doch zu feminin, das brauche ich nicht!«). Dass ein Deodorant überhaupt neben Bier, Job und anderen wichtigen Dingen im Leben wie Fußball existiert, nahm mein Mann erst so richtig wahr, als eines Tages in der Zeitung darüber berichtet wurde. Zum einen gab es einen Artikel über das Aluminium, das sich in Spraydosen befindet und die Gesundheit schädigen könnte. Alex fiel daraufhin siedend heiß ein, dass unser Sohn so ein Teufelszeug benutzt und Lukas womöglich ernsthafte Schäden dadurch davontragen könnte. Heute bin ich mir sicher, dass Alex damals sicherlich in erster Linie an die Potenz dachte – immer wieder tappe ich in die Falle, Männer würden so differenziert wie wir Frauen und nicht nur mit einem Körperteil denken.

Der zweite Artikel ein paar Tage später in unserer Zeitung wäre hier ein eigenes Kapitel wert, aber ich erwähne ihn trotzdem zum Thema passend schon jetzt: Findige Forscher haben ein »Deo« erfunden, das Männer nach Schweiß riechen lässt. Jede Frau bei Sinnen fragt sich natürlich, warum ein Mensch absichtlich nach Schweiß riechen will. Die Antwort ist so logisch wie einsichtig wie nachvollziehbar – Männer, die ihre Frau betrügen, sprühen sich nach der körperlichen Leistung der anderen Art mit dem Zeug ein und behaupten nach der Rückkehr daheim, beim Joggen gewesen zu sein. Bei so einem Geruch würde ich jedenfalls auch keine Zweifel an der sportlichen Betätigung meines Mannes hegen. Und ginge das nicht generell gegen uns Frauen, würde ich so eine Erfindung bejubeln. Der Fortschrittswille der Menschheit endete nicht mit der letzten Mondlandung anno 1972, sondern bringt auch noch heute die nützlichsten Dinge hervor!

In den 32 Jahren, die wir nun zusammen sind, habe ich meinem Mann bisweilen schon zu seinem Geburtstag oder an Weihnachten ein Rasierwasser, eine Seife oder ein Duschgel geschenkt. So ganz genau kann ich mich nicht erinnern, oder wissen Sie vielleicht noch, was Sie dem Kerl an Ihrer Seite vor 32 Jahren zum Geburtstag geschenkt haben? Also.

Es war halt immer dann eine »Duftnote«, meist aus Verlegenheit gekauft, wenn mir gar nichts Besseres eingefallen ist (was ich natürlich nie zugeben würde, siehe Kapitel »Wir schenken uns nichts«). Aber immerhin habe ich meiner Erinnerung nach bei der Geschenkübergabe auch meist hinzugefügt: »Das ist zwar bloß … aber ich hab ewig, Stunden, nach dem richtigen Duft gesucht, der genau zu dir passt.« Natürlich habe ich nicht den erstbesten genommen, aber in Wahrheit sind die Stunden eher Minuten gewesen. Denn seltsamerweise »weiß« ich schon, wenn ich eine Abteilung mit Männerduftnoten betrete, was zu meinem Mann passen könnte oder nicht. Das ist seltsam, denn ich habe mir nie Gedanken darüber gemacht. Wenn ich meinem Mann eine Musik-CD oder ein Buch schenkte, überlegte ich vorher oft sehr lange, was er bisher gerne gehört oder gelesen hat. Würde dieser Musikstil oder diese Art von Buch auch wirklich zu seinem Geschmack passen? Einmal habe ich ihm zum Geburtstag eine Filmserie geschenkt – sage und schreibe eine ganze Woche hatte ich

nach einem geeigneten Nachfolger für den von ihm so ge-
liebten Streifen »Mad Men« gesucht.

Anders jedoch bei Düften. Da überlege ich nicht lange,
da überlege ich eigentlich überhaupt nicht, da verlasse ich
mich intuitiv auf meinen richtigen Riecher. Oder ist das
nun auch bloß eine Ausrede für eine fantasielose Faulheit
in puncto Geschenke, die ich doch immer wieder meinem
Mann vorwerfe?

Dann stoße ich zufällig bei dem Onlineportal Omeda auf
ein Interview mit der Ärztin Yael Adler, das mir fast den
Atem stocken lässt, denn es erklärt nicht nur mein
Geschenkverhalten, sondern stellt mein ganzes Leben infrage.

Was habe ich schon Stunden am Telefon verbracht, um
mit Kikki oder Dorothee zu besprechen, ob *er* nun der
richtige Mann für mich ist oder nicht? Was habe ich schon
nach Streitereien Nächte in Hotels verbracht, dafür jede
Menge Geld ausgegeben und mich gefragt, warum ich ausgerechnet *ihn* heiraten musste? Was habe ich mir schon
gefühlt jahrzehntelang Gedanken darüber gemacht, warum ich bei ihm bleibe. Die Frage aller Fragen: »Ist *er* der
Richtige, und wenn ja, warum?«, hat mich mindestens
schon 237 Prozent meiner Gehirnzellen gekostet.

Und dann lese ich in diesem Interview: »Ob wir einen
Menschen gut riechen können oder nicht, hängt nicht von
einzelnen Sexualduftstoffen, sondern von der Gesamt-
komposition seines Körpergeruchs ab. Die individuelle
Duftnote verrät nämlich weit mehr über eine Person, als
den meisten Menschen bewusst ist. … Der Körper sondert
mit dem Schweiß etwa sogenannte MHC-Moleküle ab, die
etwas über unsere genetische Ausstattung verraten. Diese
Botenstoffe helfen uns, einen Partner zu finden, der gene-

tisch gut zu uns passt. Doch das läuft natürlich unterbewusst ab, MHC-Teilchen duften nicht im eigentlichen Sinne.«

Sie meint also, unser Kopf spiele im Grunde genommen überhaupt keine Rolle, wenn wir uns verlieben respektive einen Sexualpartner wählen. Es ginge nur nach Hormonen und Gerüchen. Wir gaukeln uns nur etwas vor, wenn wir glauben, das gemeinsame Interesse für Musik oder Literatur oder amerikanische Serien würde uns zusammenhalten. Nix da! Die tiefste und einfachste Biologie in der Nase und nicht, ob man Helene Fischer oder Immanuel Kant bevorzugt, entscheidet, mit wem frau Kinder kriegt und ungeputzte Badezimmer teilt – denn mein Mann käme eher auf die Idee, eine Reinigungsmaschine für das Gefieder von Rabenkrähen zu erfinden als einen Kloreiniger in die Toilette zu schütten.

Nach Yael Adler entscheidet also nicht unser Kopf, sondern unser richtiger Riecher, warum wir einen Typen nehmen oder auch nicht – und dabei auch noch am Langzeitsyndrom »Love« erkranken, selbst wenn der Virus später zu »Love light« oder gar »Love zero« mutiert.

Das Schockierende an dieser These ist nicht, dass dem womöglich tatsächlich so sein könnte, sondern dass ich jahrzehntelang Duftstoffe als Verlegenheitslösung bei Geschenken zu Anlässen aller Art gehalten habe und sie doch in Wahrheit mein Schicksal entschieden haben!

Mädels, liebt den Mann an eurer Seite, den ihr gut riechen könnt, nehmt ihn hin oder haut ihn zum Teufel. Wenn die Biologie uns so bestimmt, können wir uns jedenfalls während des Rests unseres Lebens auf Besseres besinnen und müssen uns nicht mit der Frage plagen: »Ist er nun der Richtige oder nicht?« Was können wir in dieser Zeit wirklich Wichtigem nachgehen! Unsere Memoiren

schreiben, Schuhe kaufen, Geschäfte eröffnen, Nagel-
studios besuchen, Freundinnen treffen, Sudokus lösen, in
der Badewanne vor uns hin träumen oder den Nobelpreis
für Chemie erhalten – oder sogar mit *ihm* einfach lustige
Stunden verbringen, wenn wir unsere Wahl nicht mehr be-
zweifeln und uns einfach auf unseren richtigen Riecher
verlassen.

Alles auf Anfang

Julia war eine alte Freundin von Alex aus Schulzeiten. Ich fand sie immer ein wenig seltsam. Alex meinte, sie sei »recht burschikos«, doch das störte mich nicht. Ich mag Frauen, die selbstbewusst auftreten. Mich irritierte eher, dass sie immer etwas sehr Trauriges an sich hatte. Julia war immer höflich, immer zuvorkommend, immer aufmerksam, immer unterhaltsam. Und doch breitete sich in ihrer Nähe stets ein Schleier aus Schwermut aus. Alex und Julia verloren sich irgendwann aus den Augen – so, wie es manchmal im Leben passiert. Wir kündigen Freundschaften meist gar nicht auf, sondern gehen einfach so lange getrennte Wege, bis man gar nicht mehr wüsste, was man sich zu sagen hat.

Eines Tages sehe ich einen Kerl im Fitnessstudio neben mir trainieren – klasse Body, aufmerksam mir eine Wasserflasche reichend und über das Kackwetter scherzend. Ich bin irritiert. Der Kerl erinnert mich an jemanden, ich weiß bloß nicht mehr, woher ich ihn kenne. Grübelnd trete ich weiter in die Pedale. Nichts Schlimmeres, als immer daran zu denken: »Woher kennst du den bloß?«, und nichts mehr dazu ins Gedächtnis rufen zu können. Solchen Fragen können frau um den Verstand bringen. Bin ich in grauer Vorzeit womöglich mal mit dem betrunken im Bett gelandet? Ist das ein Papa aus der Elternini der Kinder? Oder ist er gar ein Geschäftspartner, den ich im Freizeitlook einfach nicht mehr zuordnen kann?

Der Kerl grinst mich plötzlich unverschämt an. »Du überlegst dir bestimmt gerade, woher du mich kennst?«, fragt er. Ich nicke verschämt. »Ist mir auch peinlich«, füge ich offen hinzu.

Der Typ legt die Hanteln weg und kommt zu mir.

»Ich war mal die Julia. Aus mir wurde Julian.«

»Wie?«, starre ich ihn an.

»Du bist doch die Frau von Alex, oder? Dein Mann und ich sind zusammen zur Schule gegangen.«

Plötzlich fällt es mir wie Schuppen von den Augen. »Julia!«, rufe ich und korrigiere mich im nächsten Moment. »Ähm, also Julian!«

»Genau!«, entgegnet der Kerl souverän.

Eine Trainingseinheit und zwei Cola später erzählt Julian in der Kneipe nebenan von der Geschlechtsumwandlung und dem vorangegangenen langen Prozess, bis er sich eingestehen konnte, im falschen Körper zu leben. Er berichtet von den Operationen und dem Unverständnis der Umwelt. Es wäre ein steiniger Weg gewesen, er hätte so viele Freunde und Freundinnen dabei verloren – aber all das sei es wert gewesen, denn jetzt sei er glücklich, im richtigen Körper zu leben und damit auch zum ersten Mal richtig lieben zu können, auch wenn seine Geschichte die Suche nach einer Partnerin nicht gerade leichter mache. So fröhlich habe ich Julia nie erlebt – als Julian fehlt ihm diese Schwermut von einst.

Nachdenklich radle ich heim zu Alex. Wie einfach wir es doch haben! Wir leiden nur unter den »paar Problemen«. Nicht mehr und nicht weniger als dem uralten Kampf der Geschlechter, der so viel einfacher ist, wenn man sich seines Geschlechts einfach ganz selbstverständlich sicher ist. Wir müssen unsere Liebe nicht mehr gegen äußere, sondern nur noch gegen innere Widerstände erkämpfen – das sollte eigentlich ein Klacks sein …

Wir sind Uhu!

Manchmal ist es zum Verzweifeln. Immer dann, wenn ich mich frage, ob die anderen doch alles richtig gemacht haben, ich hingegen aber alles falsch. Andere Frauen brachen immer mal wieder auf, wechselten den Job oder den Mann. Ich hingegen bleib bei ihm »kleben«, meinem Mann. Bin ich eine zu treue Seele? Bin ich zu feige? Oder bin ich eine der wenigen mit Durchhaltevermögen? Oder liebe ich womöglich sogar mehr als andere es vermögen?

Ich bin jedenfalls felsenfest davon überzeugt, ein Pattex zu sein: bleibt kleben, verkrustet und ist nicht mehr aus der (Bett-)Wäsche rauszukriegen. Bis Kikki, die Statistiken liebt, mir eine Nachricht schickt: »Stell dir vor, 90 Prozent der Deutschen würden ihren Partner noch mal heiraten! Du auch?«

Wow! Dann zähle ich gar nicht zu einer Minderheit, in der ich mich bisher sah. Und stagnieren nicht mittlerweile sogar die Scheidungsraten?

Wir Deutschen sind offenbar ein Pattex-Volk. Oder nein, anders: Wenn die Bildzeitung nach der Wahl von Kardinal Ratzinger titeln kann: »Wir sind Papst!«, dann kann ich gut und gerne behaupten: »Wir sind Uhu!« Denn diese Vögel bleiben ein Leben lang als Paar monogam zusammen.

Eine haarige Sache

Eigentlich ist es ziemlich absurd, was wir Frauen mit unseren Haaren so treiben. Die einen entfernen wir mit aller Akribie. Die anderen hegen und pflegen wir, bringen sie zu mehr Volumen und Glanz und führen ihnen auch noch Farbstoffe zu. Je nach Mode haben wir auch dünn gezupfte oder wie jetzt wieder breitere Augenbrauen – und wenden deshalb neuerdings auch noch Mittel an, um diese Gesichtshaare wieder kräftiger sprießen zu lassen. Das boomende Wimpern- und Augenbrauenserum wurde übrigens durch einen medizinischen Zufall entdeckt. Patienten, die an grünem Star erkrankt waren, bekamen ein Gewebehormon, Prostaglandine, in die Augen getropft. Später stellten sie fest, dass ihre Wimpern viel dichter gewachsen und kräftiger geworden waren. Die Kosmetikindustrie wurde sofort hellhörig und entwickelte daraus – kombiniert mit einem anderen Präparat, das ein US-amerikanischer Arzt, dessen Frau an Krebs erkrankt war und für die er ein Wimpernwachstumsmittel gesucht und gefunden hatte – die Seren, die seit Kurzem im Handel sind und die tatsächlich wirken, wie ich im todesmutigen Eigenversuch herausgefunden habe. Aber das nur am Rande.

Die anderen Methoden, mit denen wir uns um unsere haarigen Angelegenheiten kümmern, sind vermutlich so alt wie die Homa sapiens. Kleopatra benutzte schon Wachs zum Enthaaren der Beine. Die alten Griechinnen umwickelten angeblich nachts den Kopf mit einem in Olivenöl getränkten Tuch, um am nächsten Tag mit der Haarpracht glänzen zu können. Frauen in christlichen Kirchen verbargen früher die Haare vor Gott und trugen im Gottesdienst ein Kopftuch. Heute noch verstecken strenggläubige Muslimas sie unter einem Hidschab. So ein Hidschab spart natürlich jede Menge Friseurkosten und Mühen – denn ganz ehrlich, für den eigenen Ehemann alleine würde ich auch nicht zum Haarefärben gehen. Trotzdem ist das keine ernsthafte Alternative für mich. Ich wechsle ja auch nicht zum Buddhismus, nur weil ich das Gefühl habe, in meinem Leben schon so viel für mein Karma getan zu haben, dass es noch für 50 weitere Wiedergeburten reichen würde.

Wie auch immer: Kräftige, glänzende Kopfhaare gelten kulturübergreifend als Schönheitsmerkmal, mit dem wir Frauen den Männern gefallen und sie an uns binden wollen. Unsere Haarpracht wurde hierzulande mittlerweile auch schon zu einem Politikum. Rechte sehen in der Kopfbedeckung der Muslimas das Ende der westlichen Zivilisation nahen. Linke wiederum halten die Friseurrechnung für ein Paradebeispiel für die gesellschaftlich etablierte Benachteiligung.

Auch meine Freundin Kikki bemerkte schon mehrfach: »Ist das nicht ungerecht? Unser Friseur kostet viel mehr als der Männerfriseur!« Ich stimmte ihr immer zu.

Eines Abends stellt sich heraus, dass die Tagesschau offenbar Kikkis und meine Gespräche heimlich mitgeschnitten und als Thema entdeckt hat, denn die Sendung macht mit dem Thema »Gender Pricing« auf und bringt als erstes Beispiel den Friseur. Frauen würden ein Vielfaches mehr dafür bezahlen als Männer. Ähnlich übrigens beim Rasiererkauf: Den Rasierer gibt es nämlich in Rosa und in Hellblau zu kaufen. Die rosa Variante ist deutlich teurer. Vor den beiden Modellen habe ich im Drogeriemarkt auch schon gestanden und mir gedacht: »Ich bin doch nicht blöd und zahle für das gleiche Gerät bloß wegen einer anderen Farbe das Doppelte.« Kein Mensch auf der Welt kann mich zwingen, den rosa statt den blauen Rasierer zu kaufen. Ich habe die Wahl. Ich bin eine mündige Konsumentin.

Und dann macht die Tagesschau mit Gender Pricing auf und erwähnt nicht nur den Friseur, sondern auch den Rasierer. Aufgeregt rufe ich Kikki an. »Stell dir vor: Das, worüber wir schon so oft gesprochen haben, ist jetzt auch Thema in den Nachrichten. Diese Ungerechtigkeit, dass wir Frauen immer mehr bezahlen müssen als die Männer. Nennt sich ›Gender Pricing‹.«

»Echt?« Kikki ist baff. »Das schau ich mir gleich an, sensationell!«

Wider Erwarten meldet sich Kikki nicht am Tag darauf, um zu bestätigen, dass jetzt endlich Thema in den Medien ist, wovon sie schon immer gesprochen hat. Wider Erwarten meldet sich Kikki auch nicht zwei oder drei Tage später dazu, obwohl das doch genau ihr Thema ist. Und schließlich vergesse ich das alles einfach wieder, weil wir einen Wasserrohrbruch haben, Lukas verkündet, er möchte eine gute Abiturnote schreiben und ab sofort dafür lernen (Nimmt mein Sohn Drogen?, sorge ich mich), Eva morgens nur drei Minuten das Badezimmer besetzt (Hat sie eine bisher unerkannte Krankheit?, grüble ich) und mein Mann Alex allen Ernstes aus heiterem Himmel behauptet, ich würde ja so viel im Haushalt machen und er müsste mir eigentlich gerechtigkeitshalber viel mehr abnehmen. Sie werden verstehen, dass ich bei solchen grundlegenden, lebenserschütternden Umständen und Aussagen nicht mehr eine Sekunde lang an das politische Gender Pricing dachte.

Dann ruft Kikki an. Meine Psychologen-Freundin, die es immer sehr genau nimmt mit Statistiken, Medien und die – da kinderlos – Zeit hat, allen Dingen immer auch auf den Grund zu gehen.

»Lass uns mal wieder ein Bier trinken«, schlägt sie vor.

»Gerne«, antworte ich, aber frage neugierig nach: »Gibt es einen besonderen Grund dafür?«

»Na ja«, meint Kikki. »Eigentlich nichts Besonderes, aber das jetzt so zu erklären, würde doch zu weit führen.«

Kaum sind wir im Biergarten und haben je eine Schorle und einen Wurstsalat vor uns stehen, legt Kikki los. Ohne Punkt und Komma. Sie hat sich am Thema festgebissen. Anfangs verstehe ich überhaupt nicht, wie sie darauf kommt.

Nichts sei einfacher, als sich über den Mann an sich zu empören. Nichts sei einfacher, als Ungerechtigkeiten auf die heute noch herrschenden patriarchalen Strukturen an sich zu schieben. Und nichts sei einfacher, als darüber abzulästern, wie gut es doch die Männer im Gegensatz zu uns Frauen hätten. Was diese für ein »natürliches« Selbstbewusstsein hätten, was die sich alles herausnehmen würden, wie eindimensional machtbewusst sie durch die Welt gehen würden. Das sei doch Mainstream heutzutage, diese ganzen Meinungen!

Doch damit würden wir uns einen Bärendienst erweisen, wir Frauen, denn mit dieser Weltsicht zementierten wir unsere Opferrolle, die wir doch ablegen wollten!

Was um Himmels willen meint meine Freundin Kikki? Hat sie wieder einen Problemfall in der Praxis? Es gab schon Patienten, die ihr mit dem Messer an die Gurgel wollten! Oder hat eine ihrer Patientinnen sie mit geistiger Verwirrung angesteckt? Nein! Kikki behauptet, sie hätte sich nur ganz grundsätzlich Gedanken gemacht.

Sie holt uns beiden ein Bier, nimmt einen tiefen Schluck aus ihrem Maßkrug und nimmt ihren Gesprächsfaden wieder auf. Auch der Alkohol kann sie nicht bremsen. Sie ist in Fahrt, in ihrem Hirn arbeitet es sichtlich.

Ich bereue mittlerweile, mich mit Kikki, so gern ich sie

mag, heute Abend im Biergarten verabredet zu haben.
Mag ja sein, dass ihre Überlegungen sehr tiefgreifend sind.
Aber Gedankengänge meines Mannes zu einer Tennis-WM
sind sicherlich auch klug und interessieren mich trotzdem
nicht die Bohne.

»Was macht eigentlich die Renovierung deiner Praxis?«,
frage ich, um vom Thema abzulenken.

»Läuft! Erzähl ich dir gleich noch, was für ein Genie
dieser Schreiner ist, aber ich wollt zuerst noch zum Rasierer kommen!«, meint Kikki.

»Rasierer?«, frage ich.

»Ja, das war doch der Ausgangspunkt, und der Friseur«,
erklärt sie und fährt unbeeindruckt fort.

»Die traditionelle Rollenverteilung und das Patriarchat
sind immer noch so allgegenwärtig, dass mein Mann mir
die reproduktive Arbeit, also den Haushalt, fast komplett
überlässt und nicht mal den Müll wegbringt. Und in genau
solchen Dingen zeigt sich im Privaten doch die politische
Dimension des Ganzen. Es war ja das große Verdienst der
Frauenbewegung um Alice Schwarzer, genau dieses Private
zu einem Politikum erhoben zu haben. Wo es zu Zeiten unserer Mütter und Großmütter noch hieß: ›Da bist du selbst
schuld, wenn du dir keinen guten Mann gesucht hast‹, legte
Alice Schwarzer die Strukturen frei, die zu solch individu-
ellen Schuldgefühlen führten.« Sagt Kikki und setzt nach:
»Verstehst du?«

»Ehrlich gesagt: Nein. Muss das jetzt sein?«

Kikki ist in Fahrt. Ihre Frage war rein rhetorisch gemeint, wie ich feststelle.

»Größere Bewegungen, die von Arbeitern oder eben
auch Frauen ausgingen, versuchten immer, zuerst einmal
die einzelnen Menschen von ihrer alleinigen Verantwort-
lichkeit für ihr jeweiliges Schicksal zu befreien. Es war

sozusagen aus der Bewegung heraus zwingend notwendig, die Menschen nicht isoliert ihr Bündel tragen zu lassen, sondern sie in einer Gemeinschaft zu sehen. Nach dem Motto: Nicht bloß ich werde hier verarscht, sondern tausend andere auch noch! Lasst uns zusammen aufstehen und uns dagegen wehren!«

»Wir? Was?«, frage ich verwirrt nach.

»Als Bild! ... Es geht doch um etwas anderes. Kaum sind die wichtigsten Etappenziele solcher sozial wichtigen Bewegungen erreicht, schlägt das Pendel um – die Menschen werden gar nicht mehr als Individuen, sondern nur noch als Kollektiv gesehen. Ich sehe mich nicht mehr zuerst als Kikki, die Psychologin, sondern als Frau unter vielen.«

»Wo liegt nun das Problem?«, frage ich genervt.

»Das Problem liegt darin, dass ich mich als Teil eines Kollektivs immer zuerst der Masse anschließe und nicht mehr darauf höre, was mir mein Bauchgefühl sagt. Ich glaube, gegen den Strom zu schwimmen, und laufe doch einer Herde hinterher.«

Vielleicht hatte Alex doch recht, denke ich. Er hatte mal behauptet (und ich hatte immer dagegen protestiert), dass Kikkis Mann kein leichtes Los gezogen habe.

»Wir können ganz zu Recht darüber klagen und sollten auch unbedingt dagegen aufbegehren, wenn wir für die gleiche Arbeit weniger Geld erhalten. Das ist Ungleichheit und Ungerechtigkeit. Wenn aber eine Friseurin für fünf Minuten Männerhaarschnitt wesentlich weniger fordert als für eine Stunde Frauenhaaraufhübschung, ist das gerechtfertigt.«

Okay. Ich schnaufe durch. Kikki ist durchaus noch bei Verstand, nur politisch in Fahrt. Ihr geht es um die Sache an sich. Allmählich verstehe ich, was sie meinen könnte.

»Wenn es eine zentrale Beschwerdestelle gäbe, dann

wäre das der liebe Gott oder eine Zentralinstanz der Natur, Unterabteilung ›biologische Ungleichheit‹. Im Gegensatz zu den Vögeln, bei denen die Männchen immer prächtiges Gefieder tragen müssen, um begehrt zu sein, tragen wir Frauenweibchen stets die ganzen Mühen, die Attraktivität zu pflegen und zu erhöhen. Ja, das ist gemein. Aber an dieser Natur werden wir nicht viel ändern können, solange wir schön sein wollen. Viel wichtiger ist doch, dass andere Dinge geändert werden, die man ändern kann. Schau dir doch mal die Rechte der Frauen in Saudi-Arabien oder Afghanistan an! Ohne Genehmigung vom Ehemann darf die Frau das Haus nicht verlassen. Mädchen werden immer noch zwangsverheiratet, und die Männer prügeln die Frauen, wie es ihnen gerade passt.«

Wütend macht Kikki eine kleine Redepause. »Dagegen müssen wir kämpfen! Aber das nehmen wir hierzulande einfach hin – und regen uns darüber auf, dass ein rosa Rasierer mehr kostet als ein blauer, obwohl uns keiner zwingt, ihn zu kaufen. Das ist doch gaga!«

»Mag ja alles stimmen«, meine ich. »Aber jetzt ist auch mal gut, Kikki. Bloß weil ›Gender Pricing‹ in der Tagesschau aufgetaucht ist, ist es deshalb nicht mehr oder weniger wichtig als zuvor.«

»Du bist auch eine Meisterin der ›Whataboutismen‹«, kommentiert dies Kikki. Ich frage *nicht* nach, was sie genau damit meint. Ja, ich ahne es, aber ich will es nicht näher erläutert bekommen. Manchmal können einem Freundinnen, wenn sie gerade politisch so in Fahrt sind, sogar noch mehr auf die Nerven gehen als der eigene Mann. Und das heißt was, also, bei mir zumindest.

»Prost!«, sage ich zu Kikki und halte ihr den Maßkrug hin.

»Prost«, erwidert Kikki und lächelt. »Ich hör ja schon

auf, ich weiß ja, dass da manchmal der Gaul mit mir durchgeht. Manchmal können dir Freundinnen, wenn sie sich an einem Thema festgebissen haben, sogar noch mehr auf die Nerven gehen als der eigene Mann. Und das heißt schon was, oder?«

Ich kriege einen Lachanfall und gestehe, dass Kikki ausgesprochen hat, was ich eben gedacht habe.

Kikki und ich beschließen, dieses neu entdeckte Phänomen, die Gedanken der Freundin auszusprechen, »Gender Beergardening« zu nennen, und wir versprechen uns, dass wir uns niemals Haare auf den Zähnen wachsen lassen.

Szenen einer Ehe

Manchmal sagen Szenen mehr als Weisheiten. In diesem Sinne: Vorhang auf für folgenden Film.

Eine Mann und eine Frau in einer Wohnküche mit Essbereich und Kochinsel. Ein Sonnenuntergang ist durch die Fenster der Wohnküche zu sehen. Abendessen. Immer wieder die gleiche Kulisse bei wechselndem Alter der Protagonisten.

1.

Mann und Frau, beide 24, stehen an der Kochinsel und wollen Pasta in einen Topf kippen, in dem das Wasser kocht. Doch es kommt nicht mehr dazu, denn die beiden küssen sich leidenschaftlich und verlassen die Wohnküche gen Schlafzimmer und verschwinden dort. Erst am nächsten Morgen bemerken sie, dass über Nacht wohl das gesamte Wasser des Topfinhaltes verdampfte. Wenigstens war der Deckel auf dem Topf, sonst hätte das echt übel enden können. Mann und Frau lächeln sich verschwörerisch zu, setzen Kaffee auf, befüllen den Kochtopf wieder mit Wasser, küssen sich, verlieren sich in den Küssen – und haben auf dem Küchentisch Sex, ohne sich um den Herd zu scheren.

2.

Mann und Frau, beide 25, stehen an der Kochinsel und wollen Pasta in einen Topf kippen, in dem das Wasser kocht. Sie küssen sich und halten in ihrem Tun inne. Schließlich lösen sie sich voneinander, und der Mann bemerkt lapidar: »Ich hab so Hunger!« Die Frau grinst und sagt: »Ich auch.« Sie kippen die Nudeln in den Topf, küssen sich erneut und machen sich einen Spaß daraus, gemeinsam, beide mit jeweils der rechten Hand, einen weiteren Topf aus einem offenen Regal hinter ihnen zu holen, in dem sie die Tomatensoße ansetzen. Sie kippen die Salsa rein, drehen den Herd hoch (»Da muss die Flüssigkeit rauskochen!«) und rühren Hand in Hand mit dem Kochlöffel ständig die Soße. Dazwischen küssen sie sich immer wieder.

3.

Der Mann (27) steht an der Kochinsel und kocht Pasta in einem großen Topf und die Soße in einem kleinen. Die Frau (27) sitzt am Küchentisch der Wohnküche und stöhnt über Mitschriften aus der Uni. Sie büffelt und wiederholt immer bestimmte Abschnitte, die sie angemarkt hat.

»Danke!«, ruft sie plötzlich. »Aber ich hab gar keinen Hunger. Das Examen morgen ... ich weiß gar nicht, wie ich das schaffen soll ...« Er sieht sie zärtlich an. »Bedank dich nicht. Lern. Und mach dann eine Pause. Ich bin doch so gerne für dich da, wenn es eng wird. Ich bin doch kein Macho.«

4.

Die Frau (28) brät Fleisch und kocht Gemüse. Der Mann (28) sitzt am Küchentisch der Wohnküche und stöhnt über Mitschriften aus der Uni. Er büffelt und wiederholt immer bestimmte Abschnitte, die er angemarkert hat. Die Frau will den Lernenden nicht stören und spült deshalb Geschirr und Töpfe, die im offenen Regal stehen und vom Küchendunst verdreckt sind, leise ab.

»Essenspause!«, ruft sie schließlich, als das Gericht fertig ist.

»Danke!«, antwortet der Mann. »Ohne dich würd ich das Examen nicht bestehen, mit nichts im Bauch.«

Die Frau lächelt. »Macht doch Spaß, mal so Mama zu spielen und dich zu versorgen.«

5.

Der Mann (34) trägt einen Anzug, und die Frau (34) steht im schicken Lehrerinnen-Kostüm mit ihm an der Kochinsel. Er wirft die Pasta in den Kochtopf, sie bereitet Salate zu.

»Soll ich lieber einen Balsamico oder einen normalen Weißweinessig nehmen? Was meinst du? Marc und Leonie sind doch Feinschmecker!«

Er nimmt sie in den Arm. »Mach dir darüber doch keine Gedanken! Sie kommen zu uns, damit wir uns treffen und plaudern und nicht wegen dem Essen.« Sie lächelt ihn dankbar an. Sie küssen sich kurz, dann arbeiten sie mit Blick auf die Uhr eilig weiter.

6.

Mann und Frau (beide 36) im Freizeitdress. Im Hintergrund leuchtet ein Christbaum. Er fingert am Smartphone herum. »Es gibt 100 Rezepte für eine Gans! Welches soll ich denn nun nehmen?«

Sie gibt keine Antwort. Sie ist kreidebleich. Sie stürmt aus der Wohnküche. Im Hintergrund sind Kotzgeräusche zu hören. Dann herrscht Stille. Er würzt die Gans, heizt den Backofen vor und schaut immer wieder besorgt zur Badezimmertüre.

Sie kommt zurück, bleich, aber mit strahlenden Augen.

»Nein, kein Virus. Der Test eben hat es noch mal bestätigt.«

»Sag bloß …«

»Ja!«, ruft die Frau. »Vierte Woche!«

Der Mann nimmt die Frau in die Arme, hebt sie hoch und wirbelt sie durch die Luft. Sie lachen, sie küssen sich ganz zart, sie schweben, sie vergessen die Gans, sie streicheln sich – bis es an der Tür klingelt. Die Eltern von ihr stehen im Entree. Er sagt: »Leute, ihr werdet Großeltern! Das haben wir eben erst so richtig kapiert und darüber das Kochen vergessen. Die Gans kann mal Gans bleiben! Wir gehen nun alle feierlich essen. Zahl ich aus der Portokasse, macht euch mal keine Gedanken!«

7.

Die Frau (37) steht mit dicken Augenringen in der Wohnküche und kocht mit dem Säugling auf dem Arm. Der Mann ist nicht zu sehen.

8.

Die Frau (39) steht in der Wohnküche und kocht. Der Mann ist nicht zu sehen.

Das Kleinkind spielt am Boden und brabbelt: »Papa wo?« Die Frau sagt: »Das Büro hat Papa verschluckt.« Leise fügt sie hinzu: »Und wenn ihn das nicht endlich mal wieder ausspuckt, dann war es das mit uns.«

9.

Aus den offenen Regalen der Wohnküche wurden komplett geschlossene Küchenschränke. Der Mann (43) steht in der Wohnküche und kocht. Der siebenjährige Junge steht neben ihm auf einem Hocker und hilft mit. Beide haben ihren Spaß, denn der Papa spielt mit dem Sohn »Restaurantküche«.

Die Frau kommt im schicken Kostüm mit einem Koffer zur Tür herein, küsst das Kind und umarmt ihren Mann. »Ach, ist das schön, wieder hier zu sein nach so einer Geschäftsreise!«, sagt die Frau.

»Ohne dich ist es viel schöner!«, sagt der Junge. Die Erwachsenen lachen. Die Frau legt ab und wirft einen flüchtigen Blick auf ihr Handy. »Ich freu mich jetzt schon auf unsere nächste Geschäftsreise«, liest sie. Darunter: unzählige Herzen.

10.

Mann und Frau (beide 50) in der Wohnküche: Sie steht am Herd, er trägt Brot und Salat und schließlich die fertig gefüllten Teller zum Esstisch. Der 14-jährige Junge kommt zur Tür herein, nimmt seinen Teller und ruft: »Ich ess alleine vor dem Fernseher!« Kurz darauf knallt die Tür hinter ihm zu. Mann und Frau schauen sich perplex und enttäuscht an.

11.

Der Mann (55) steht am Herd und kocht. Die Frau (55) sitzt am Küchentisch über Akten. »Ich muss noch mal ins Büro«, sagt die Frau und lässt den Mann alleine zurück. Kaum ist die Frau zur Türe hinaus, wählt der Mann eine Nummer mit dem Smartphone und säuselt: »Süße, ich hab jetzt doch Zeit, ein Termin fällt aus.« Kurz lauscht er dem Gegenüber, dann fragt er perplex: »Was soll das heißen, dass ich ja sowieso bei meiner Frau bleibe?«

12.

Der Mann und die Frau (beide 60) sitzen am Esstisch und verspeisen Pasta. Beide schweigen. Er liest die Zeitung, sie schaut auf ihr Handy und tippt darauf herum.

13.

Mann und Frau (beide 73) stehen an der Kochinsel und wollen Pasta in einen Topf kippen, in dem das Wasser kocht. Er legt zärtlich den Arm um sie, und sie küssen sich flüchtig. Der Mann bemerkt lapidar: »Früher hatte ich viel mehr Hunger.« Die Frau lächelt und sagt: »Ich auch.« Er kippt die Nudeln in den Topf, sie rührt in der Tomatensoße herum. Er legt seine Hand auf die ihre. Sie rühren gemeinsam um, küssen sich erneut und machen sich einen zärtlichen Spaß daraus, so zu tun, als hätten sie Sex.

Philemon und Baucis

Nach Ovid kam Jupiter mal wieder mit seinem Sohn Hermes (nein, nicht der heutige Paketdienst; dieser wurde vielmehr danach benannt) auf die Erde und hatte Schwierigkeiten, in Phrygien eine geeignete Nobelabsteige zu finden. Ähnlich wie Maria und Josef am 24. Dezember irrten sie herum und fanden keine Bleibe. Nach Ovid lehnten »Hunderte« Menschen es ab, den Göttern eine Unterkunft zu bieten.

Dann trafen Jupiter und Hermes auf Philemon und Baucis in einer ärmlichen Hütte am Stadtrand. Das in tiefer Liebe verbundene alte Ehepaar bat sie herein, entschuldigte sich für die Armut und nahm sie herzlich auf. Baucis schürte den Herd an, Philemon holte Kohl aus dem Garten und schnitt ein Stück vom einzigen, ewig gehüteten Fleischvorrat im Haus ab. Die Alten bereiteten den Göttern ein Bad zu, tischten danach auch noch Eier, Milch, Nüsse, Feigen, Äpfel und Wein auf und bemühten sich zudem, die Gäste gut zu unterhalten.

Nach dem Mahl – bei dem die Weinkaraffe sich stets »von selbst« auffüllte – baten Jupiter und Hermes das Paar, mit ihnen auf einen Hügel zu gehen. Die Alten nahmen den schwierigen Weg mit Stöcken auf sich, bis sie von oben Aussicht auf ihre ärmliche Hütte hatten – die es nun nicht mehr gab. Jupiter und Hermes gaben sich den Menschen zu erkennen und zeigten Philemon und Baucis, wie sie sich für die Großzügigkeit und Gastfreundschaft bedankten: Sie hatten die Hütte in einen prächtigen goldenen Tempel verwandelt. Der Boden war mit Marmor verlegt, das Strohdach zu goldenen Platten geworden.

Außerdem gewährten sie dem Paar einen Wunsch. Die beiden Alten baten darum, sich nie im Leben trennen zu müssen und gemeinsam sterben zu können. Am Ende ihres Lebens taten sie gleichzeitig den letzten Atemzug, und nach dem gemeinsamen Tod verwandelten die Götter sie in zwei Bäume. Philemon wurde zu einer Eiche und Baucis zu einer Linde.

Was für eine schöne Geschichte. Was für eine schöne Vorstellung, gemeinsam sterben zu können, weil man den anderen so liebt, dass man nicht ohne ihn leben möchte.

Was mir beim Lesen dieser Geschichte aber ein wenig im Hinterkopf herumging: Was hätten sich Philemon und Baucis eigentlich gewünscht, wenn vorher die arme Hütte nicht zu einem Palast verwandelt worden wäre? Hätten sie dann auch darum gebeten, gemeinsam sterben zu dürfen? Oder hätten sich beide lieber einen Palast gewünscht? Also reduziert gefragt: »Geld oder Liebe?« Aber wenn selbst die griechische Mythologie diese Frage nicht beantwortet – wie soll ich das dann können?

Ich kann mir jedenfalls auch nicht vorstellen, wie es wäre, nach noch weiteren 20 oder 40 Jahren zusammen mit ihm plötzlich ohne meinen Mann zu leben. Mir würde echt was fehlen. Die Nörgelei über meinen morgendlichen Grant beispielsweise oder auch Alex' neurotische Besessenheit, an Sommernachmittagen schon um 15 Uhr die Rollos für die Nacht runterzulassen und abends um 19 Uhr die Lichter zur Nachtruhe auszuschalten. Was wäre das für ein Dasein ohne den freitäglichen XXL-Einkauf im Einkaufscenter, das pedantische Herrichten der Wäsche für den nächsten Tag oder das Bird-Watching? Oder gar ohne die ständigen Unterbrechungen, wenn ich spreche? Ach, ich weiß gar nicht mehr, was mir noch alles fehlen würde, denn nach 32 Jahren zusammen ist so viel in Fleisch und Blut übergegangen! Alex wurde quasi zu meiner »schlechteren Hälfte« – oder vielleicht sogar zur »besseren«? Und außerdem stellen sich mir mittlerweile auch ein paar ganz banale Fragen bei der Vorstellung, ohne meinen Mann zu leben: Gibt es auch einen privaten Dienst, der Bartstoppeln in Waschbecken hinterlässt? Melden Steuerberater auch Fakten ans Finanzamt, wenn die Ehefrau sie nicht durchgibt? Kann sich frau eine Art Callboy mieten, der immer genau die Programme herzappt, die mich am wenigsten interessieren?

Nee, ohne Alex wäre das alles nichts. Auch nicht in einem goldenen Haus. Ich würde wahrscheinlich ohne die täglichen Ärgernisse sofort ins schwermütige Koma fallen. Also würde ich zwar nicht gleichzeitig mit ihm, aber sehr bald danach sterben. Vielleicht hat das Ovid auch so gemeint und nur ein wenig dramatisch zum »gleichen Atemzug« verdichtet?

Schön oder praktisch?

Es soll ja Paare geben, die auch nach 20 gemeinsamen Jahren noch nie eine Auseinandersetzung um »schön oder praktisch?« gehabt haben. Soll es geben. Aber es gibt ja angeblich auch Chemtrails, Marsmännchen und für den Frieden demonstrierende Löwenmütter. Es gibt einfach nichts, was es nicht gibt. Aber ein Mann, der sagt: »Schau mal, Schatz, der Dosenöffner ist schön, den kaufen wir, auch wenn er nicht funktioniert!«, ist entweder schwul, in Behandlung wegen einer Dosenöffnerphobie (gibt es wirklich! Sie zählt zur Aichmophobie, der Angst vor spitzen Gegenständen) oder entspringt Ihrer schmutzigen Fantasie.

Der Konflikt, dass Männer es »praktisch« wollen und die Frauen es »schön«, schafft es nur deshalb nicht ins Kuriositätenkabinett ehelicher Streitereien (siehe Kapitel »Willkommen in diesem Theater!«), weil er an sich völlig harmlos ist, sich nur sehr selten zur Dramaqueen aufspielt und sich eine gemütliche Nistecke im Verborgenen eingerichtet hat. Und doch ist er hinterhältig und gemein und redet seine toxische Gefahr klein: »Das ist doch nur ein Luxusproblem.« Er lauert wie Hausstaubmilben in Matratzen und kann eines Tages – wenn man ihm nicht gründlich und regelmäßig den Garaus macht – zu erheblichen allergischen Reaktionen führen, bis hin zum schweren Schock.

Da mein Mann einmal Architektur studiert hat, verfügt diese spezielle Auseinandersetzung bei uns auch über einen Schlachtruf: »Form follows function.« Bekannt wurde der Designleitsatz von Louis Sullivan aus dem 19. Jahrhundert durch das Bauhaus der Zwanzigerjahre mit der Forderung auf einen Verzicht jeglicher Ornamentik. Und da mein Mann nicht nur Architektur studiert hat, sondern auch älter wird, zitiert er immer häufiger Dinge, der er als junger Mann einmal gelernt hat. »Form follows function« kommt stets in jenem Tonfall wie etwa von Priestern: »Du sollst nicht töten.« Und der Satz betrifft bevorzugt den Eingangsbereich unserer Wohnung – denn hier ist der neuralgische Punkt zum Thema schlechthin. Was anderen die Arbeitsfläche der Küche, die Vitrine im Wohnzimmer, die Ablagefläche im Badezimmer, die Anrichte im Esszimmer, die Garderobe im Flur oder der Sekretär in einer Nische ist – ist bei uns der Zutritt zum Loft: Er repräsentiert uns für meine Begriffe wie eine Visitenkarte und hat deshalb schön auszusehen.

Im Gegensatz zu anderen Haushalten haben wir weder einen Windfang noch einen Flur oder einen sonst wie abgeteilten Eingangsbereich. Wir bewohnen eine Etage, in der zwar jeder sein eigenes Zimmer hat, aber alle Wohnräume offen ineinander übergehen. Von der Wohnungstüre gelangt man direkt, ganz ohne Flur, in den zentralen Familienraum in unserer Wohnung. Hier kochen wir, hier machten die Kinder, als sie noch kleiner waren, am großen Tisch die Hausaufgaben. Hier treffen wir uns zum Frühstück mit der Familie und zum Abendessen mit Gästen am Esstisch. Hier stehen eine Sitzecke mit Sofa und eine halbrunde Anrichte aus Pinienholz, die ein Vermögen gekostet hat. Jeder Kurier, jeder Zeuge Jehovas, jeder Nachbar, der bei uns im obersten Stock mit einer Bitte klingelt, blickt nach dem Öffnen der Wohnungstür direkt in unser »Wohnzimmer« – und als Erstes auf die halbrunde Anrichte. Außerdem sieht er sofort, ob Geschirr auf der Spüle steht, Staubwolken den Boden bevölkern, Zeitschriften chaotisch um das Sofa herumliegen oder ob Mülltüten darauf warten, weggetragen zu werden.

Unsere Wohnküche ist sozusagen der haushaltstechnische Offenbarungseid. Sie verrät alles, aber auch alles, über unser familiäres Intimleben. Und in ihr thront prominent die besagte halbrunde Anrichte, die ich vor 30 Jahren so sündhaft teuer in einem Designladen erstanden habe. Meine Mutter behauptet sogar, wir hätten diese Wohnung nur deshalb vor zehn Jahren bezogen, weil die halbrunde Anrichte dort den Non-plus-ultra-Platz fürs Leben gefunden hätte. Das Pinienholzmöbel ist quasi unsere Visitenkarte, die im Familienhaushaltschaos für mich nur einen wesentlichen Zweck zu erfüllen hat: schön auszusehen.

Wir haben das Schlafzimmer damals beim Umzug komplett verkauft, weil es völlig unmöglich war, mit den alten Möbeln die neue Wohnung zu bestücken, und aus Geldmangel jahrelang auf Matratzen auf dem Boden geschlafen. Wir haben die Kinderzimmer nach und nach neu eingerichtet, weil Hochbetten plötzlich von einem Tag auf den anderen »voll kindisch« waren. Wir haben Geschirr entsorgt, weil kein Platz mehr dafür war. Und vor ein paar Monaten kamen wir – also genauer: ich – auch auf eine endgültige Lösung für die Einrichtung des Badezimmers. Ich wartete einen Moment ab, in dem mein Mann extrem viel Stress im Büro hatte, und erklärte beiläufig bei einem Abendessen, »vielleicht eine gute Idee für das Badezimmer zu haben«, das endlich auch einmal gut eingerichtet gehöre. »Dann mach doch mal«, sagte Alex gedankenlos dahin. Ja! Dazu hatte ich auch noch Zeugen, die Kinder! »Mach mal« hieß nichts anderes, als dass ich mit einem Schreiner genau durchgehen konnte, wie und wofür nun Regale zu tischlern wären. Das war ein Freibrief, mich nach ganz eigenen

Vorstellungen auszutoben! Keine Frage nach »Ist das auch praktisch?« störte dabei.

Während ich noch mit der Badezimmerplanung beschäftigt bin und im Büro heimlich auf Millimeterpapier Holzstärken für Zierelemente (!) berechne, geschieht bei uns in der Wohnküche Unheimliches. Plötzlich steht ein Aktenordner auf der halbrunden Anrichte, die doch nur für Obst und Deko reserviert ist.

»Na gut«, denke ich mir noch, nachdem ich die Handschrift auf dem Ordnerrücken eindeutig Alex zuweisen kann, »wird ihm halt wichtig sein, das Ding dort abzustellen, damit er es morgen nicht auf dem Weg ins Büro vergisst.«

War ihm wohl wichtig auf dem Weg ins Büro, denn am nächsten Tag ist der Aktenordner verschwunden und die Etagere mit verschiedenen Obstsorten, die Schale mit Süßigkeiten sowie die fein arrangierte Osterdeko stehen wieder wie gehabt direkt im Blickwinkel des Besuchers, der sich zufällig oder absichtlich in unser Loft verirrt und zuallererst diese halbrunde Anrichte sieht, wenn er unsere Wohnung betritt.

Vier Tage später liegen zwei vergilbte Bücher auf der halbrunden Anrichte und weichen erst wieder von der Stelle, als sie von einer Tengelmann-Plastiktüte für weitere Tage ersetzt werden.

Und dann passiert es. Eines Tages höre ich Alex beim Frühstück zu meiner Tochter Eva sagen: »Wenn du den Turnbeutel morgen nicht vergessen willst, dann leg ihn doch auf das halbrunde Kastl. Das siehst du dann sofort morgen früh.«

Eva nickt gedankenverloren.

Ich könnte ihn für diesen Satz umbringen.

Wie kann er nur unser ganzes Loft so verschandeln? Wie

kann er nur völlig ignorant eine Tengelmann-Tüte dort ablegen und dann auch noch – der Gipfel – unsere Tochter Eva zu weiteren derartigen Straftaten anstiften?

Und dieser Mann ist auch noch Architekt von Beruf. *Der* will bei so einem unterirdischen ästhetischen Feeling schöne Häuser bauen? Kann ja gar nicht sein, wenn der nicht mal kapiert, dass so eine halbrunde Anrichte ausschließlich zur Deko und nicht einem praktischen Nutzen dient. Und da wundert der sich noch, dass in seinem Büro die Aufträge weniger werden? Mitarbeitern wie ihm hätte ich als sein Chef schon längst gekündigt. Vielleicht hat er Ahnung von Haustechnik, Bauleitung oder Handwerkerorganisation. Aber ästhetisches Vermögen? Nix. Nada. Niente. Das ist doch nicht zu fassen! Denn selbst wenn er – als Architekt! – nicht kapiert, wie wohnungswohlfühlbestimmend so eine zweckfreie Deko an so exponierter Stelle ist, könnte er wenigstens meine Mühe um diesen Ort respektieren.

Habe ich dort jemals einen Brief abgelegt, den ich zur Post tragen wollte? Habe ich dort auch nur einmal einen Einkaufszettel platziert, obwohl ich selbigen schon so oft vergessen habe und deshalb noch einmal zur Wohnung zurückeilen musste? Und habe ich jemals die halbrunde Anrichte für eins der lebensnotwendigen Dinge der Kinder wie Brotzeitboxen, Legoflieger oder Ballettschuhe zweckentfremdet? Nein! Ich verlange ja noch nicht mal, dass er die ästhetischen Voraussetzungen für seinen Beruf erfüllen kann – das ist mir egal und geht mich gar nichts an, Hauptsache, er verdient sein Geld damit. Aber dass ausgerechnet er, der im Studium perspektivisches Zeichnen gelernt hat, nicht mal ansatzweise dazu in der Lage ist, die ästhetische Perspektive auf das Pinienmöbel seiner Frau einzunehmen?

Mein Mann – ein ästhetisches Komplettversagen.

Mein Mann – eine unsensible Ignoranzmaschine.

Mein Mann – mein größter Irrtum!

Voller Verachtung entferne ich an den darauffolgenden Tagen von der halbrunden Anrichte Schuheinlagen, einen Post-it, auf dem steht: »Von der Reinigung abholen«, und ein Uhrarmband, das er nach eigenem Bekunden zum Optiker bringen will. Aber ich werde einen Teufel tun und ihn darauf hinweisen, dass er das Uhrarmband mit der Brille verwechselt hat!

Aber dann blitzt urplötzlich eine Angst in mir auf, die mir vor Augen führt, um welche Art von Luxusproblem es sich doch bei alldem handelt. Hat mein Mann vielleicht eine beginnende Demenz und versucht, diese vor mir zu verbergen, indem er scheinbar beiläufig alles zur Erinnerung so auf der halbrunden Anrichte positioniert, dass er es nur ja nicht vergisst? Meinte nicht auch neulich meine Mutter am Telefon, dass sie in der *Apotheken Umschau* gelesen hätte, wie Demenzkranke im Anfangsstadium alles vor den Angehörigen zu verbergen versuchen? Ähnlich wie Alkoholiker, die heimlich trinken? Wie konnte ich nur so gemein sein und meinem Alex-Schatz unterstellen, er hätte weder ein ästhetisches Gespür noch gebührende Aufmerksamkeit für meine so sorgfältige Deko in der Wohnung?

Es gibt ja so viele heimtückische Krankheiten! Meine Mutter, die regelmäßig die Todesanzeigen im Lokalblatt liest, hat erst neulich berichtet, dass ein erst 53-Jähriger viel zu früh geholt worden sei, da er an einer seltenen Blutkrankheit litt. Mit 53! Das ist doch kein Alter. Und dabei sieht Alex immer noch so frisch und jugendlich aus, dass er auf einer Party mit Altersbeschränkung bis 40 auftauchen könnte, ohne dass die Anwesenden gleich die Polizei holen würden.

Ich beschließe, das weitere Geschehen erst einmal vorsichtig zu beobachten, ehe ich Alex ganz vorsichtig und natürlich hochsensibel darauf ansprechen werde. Außerdem möchte ich meinen Mann unter keinen Umständen einfach so bloßstellen, und bevor ich das Thema angehe, auch noch erste Anlaufstellen, Selbsthilfegruppen und Behandlungsmethoden gegoogelt haben.

Doch wie das Leben so spielt – so weit kommt es erst gar nicht, denn auch ich bin nur ein Mensch. Noch am gleichen Abend passiert es. Lukas legt seinen Fußball auf die halbrunde Anrichte aus Pinienholz zwischen Etagere mit Obst und Schale mit Süßigkeiten.

»Weg damit!«, schreie ich völlig außer mir. »Das Ding hat hier nichts verloren!«

Lukas starrt mich erschrocken an: »Ja, Mama … warum?«

»Weil das eine Anrichte für Deko ist und keine schnöde Ablagefläche. Dafür habt ihr eure Zimmer.«

»Alles klar«, sagt Lukas, nimmt seinen Ball und verdreht genervt die Augen. »Hab ich nicht gewusst. Papa legt hier doch auch alles zur Erinnerung ab … Kein Problem, Mom. Ich brauch bloß 'ne deutliche Ansage.«

Damit verschwindet er in sein Zimmer und huscht bald danach wieder an mir vorbei, um zum Sport zu verschwinden. Er sieht mich dabei an, als sei ich nicht ganz zurechnungsfähig, weshalb er sich lieber weitere Worte spart.

Ich gehe ihm nach, zur Wohnungstüre, vor der er in seine Schuhe schlüpft. »Hör mal, Lukas, es tut mir leid, es ist … es hat nichts mit dir zu tun.«

»Ach nee, was du nicht sagst. Und ich dachte schon, ausnahmsweise bin ich mal und nicht Papa schuld!«

»What the fuck …«, entfährt es mir mit Lukas' Wortwahl. Über meinen Sohn kann man ja sagen, was man will, aber eins kann er: Ironie. Ich beschließe, jede pubertäre Frechheit künftig unter diesem Aspekt zu sehen.

Lukas eilt mit seiner Sporttasche über den Schultern und dem Fußball im Arm das Treppenhaus hinunter. Ich blicke ihm versonnen nach und frage mich natürlich, ob ich wirklich immer Alex die Schuld gebe. Und das auch noch vor den Kindern! Und ich erinnere mich daran, wie Alex damals in unserer ersten gemeinsamen Wohnung jeden Freitag zum Hochschulsport mit einer ähnlich schwarzen Sporttasche aufgebrochen ist. Damals, in dieser ersten gemeinsamen Wohnung, ging es noch darum, wer abspült, denn wir hatten selbstverständlich als Studenten keine Spülmaschine. Tage- und nächtelang ließen wir das Geschirr damals zum Trocknen herumstehen. Denn keiner sah ein, wieso wir es in Regale räumen sollten, wenn wir es doch ohnehin bald wieder gebrauchen würden. Wir hatten damals auch weder eine Anrichte aus Pinienholz noch eine Etagere für Obst oder Erinnerungszettel für Einkäufe oder Erledigungen. Unser Kopf war voll mit dem, was wir gerade lernten. Beruflich und über uns selbst und die Welt.

Alex erklärte mir damals mit strahlenden Augen den Designgrundsatz »Form follows function« und erläuterte, warum jeder Deko-Schnickschnack überflüssig wie ein Kropf wäre. Zuerst hätten Gegenstände ihren Zweck zu erfüllen. Hochhäuser mit überbordenden Ornamenten an der Fassade seien doch architektonischer Unsinn. Drinnen, in den Wohnungen, sollten sich die Menschen wohlfühlen – die Fassaden seien zweitrangig, auch wenn sie gesamt natürlich in ein städtebauliches Konzept passen sollten.

Da sitze ich alleine im Loft am Küchentisch und denke plötzlich wieder daran. Lukas ist beim Sport, Eva bei einer

Freundin und Alex noch im Büro. Die Fassade ist zweitrangig. Ja. Sollen doch andere denken, was sie wollen, wenn sie unseren Wohnraum sehen und unser Juwel darin, die halbrunde Pinienanrichte, von Erinnerungszeug zugemüllt ist. Wir sind lebendig und betreiben hier kein kunsthistorisches Museum! Was mache ich hier eigentlich für ein Bohei um eine Anrichte? Hab ich nichts anderes zu tun, als mich fürchterlich darüber aufzuregen, dass mein Mann diese Anrichte zuerst funktional und dann erst unter ästhetischen Deko-Gesichtspunkten sieht? Bin ich ein hobbyloser Mensch – wie Lukas und Eva sagen würden? »Geht's noch?«, schimpfe ich mich selbst und gelobe, künftig entschieden lockerer und entspannter durchs Leben und unseren Loft zu gehen und sämtliche vorübergehend abgelegte Gegenstände auf dieser Anrichte zu ignorieren. Alex ist nicht dement – und darüber sollte ich froh sein! Er hat nur unsere Übereinkunft zum Möbelstück damals beim Einzug vergessen – dass die Anrichte unsere Visitenkarte sein sollte.

Beim Frühstück am nächsten Tag nimmt Eva erst am Esstisch Platz, nachdem sie einen Haarreif und zwei Schulhefte in eine Plastiktüte gepackt und auf die halbrunde Anrichte gelegt hat – offenbar, um sie nicht zu vergessen.

Dazu werde ich nichts sagen. Lieber beiße ich mir die Zunge ab.

Mitten in den üblichen Frühstücksgesprächen zum Wetter, den anstehenden Terminen am Tag und lauten Tagträumen zum Urlaub meint Alex plötzlich: »Eva, Lukas, es ist ja schön, dass ihr so gut organisiert seid und die wichtigen Dinge auf dem halbrunden Kastl bereitlegt. Ich will ja auch nicht spießig sein, aber mich nervt das allmählich, wenn das schönste Deko-Teil in der Wohnung plötzlich so zugemüllt wird. Ist kein Vorwurf, ich hab euch das ja die ganze letzte Zeit vorgemacht. Aber manche Dinge haben nicht in erster Linie funktional, sondern schön zu sein.«

Mir fällt die Semmel fast aus dem Mund.

»Was schaust du denn so?«, fragt mich Alex.

»Weil … ähm … das hast du schön gesagt«, stottere ich und versuche, meine Freude über diesen »Sieg« zu verbergen. Würden sich nur alle Probleme so einfach lösen!

Kaufrausch

Das Gegenteil einer Ehefrau ist ja nicht zwangsläufig ein Ehemann, sondern vielleicht eine käufliche Frau. Nun habe ich mit Prostituierten in meinem Alltagsleben eher wenig (um nicht zu sagen: gar nichts) zu tun. Ich weiß nur, dass es sie gibt und Männer, eben auch Ehemänner, die sie aufsuchen.

Als Frau, die nur bei einem Minimum an Verliebtheit Bock auf Bett hat, weiß ich nicht, wie sich das anfühlt, gegen Geld Sex zu haben. Ich möchte an dieser Stelle auch gar nichts moralisch werten – weder Männer, die zu Nutten gehen, und schon gar nicht Frauen, die ihren Körper verkaufen. Die Frauen werden ihre Gründe haben (schnelles Geld, Zwang oder auch ganz anderes). Auch die Männer werden ihre Gründe haben. Und falls mein Mann jemals die Dienste einer solchen Dame in Anspruch genommen haben sollte – ich möchte es ehrlich gesagt gar nicht wissen. Soll es sein Geheimnis bleiben wie meines mit der Haarentfernung an den verschiedenen Körperstellen (auf das ich nun wiederum auch nicht näher eingehen werde, denn irgendwann liest mein Mann hier garantiert noch alles) und den dazugehörigen Besuch bei der Hautärztin, der mich ein Vermögen gekostet hat.

Ich gebe also offen zu: Ich habe keinerlei Einblick ins Milieu. Das sind fremde Welten für mich. Wie fühlen sich diese Frauen? Können sie jemals noch einen Mann lieben und zärtlich mit ihm schlafen? Wollen sie eines Tages noch heiraten? Denn oft hört frau ja von einer bürgerlichen Sehnsucht der Käuflichen.

Dann gerate ich im Zuge einer Recherche zu einer Prostituierten, die in der Nazizeit Leben rettete, in ein Lokal, in dem sich die Straßennutten aufwärmen. Die Käuflichen trinken Schnaps, was angesichts der winterlichen Jahreszeit nicht verwundert. Sie tanzen, sie umarmen sich, sie sitzen Hand in Hand an der Theke. Sie gehen anders miteinander um als wir »Normalos« von Ehefrauen. Sie scheinen sich regelrecht durch immer wiederkehrende körperliche Berührungen gegenseitig Trost spenden zu wollen. Mir kommt es vor, als wollten sie sich im Sex-Kaufrausch der anderen, der Männer, erden und sich vergewissern, dass sie noch Freundinnen sind. »Die Typen können wohl für Sex bezahlen – aber unsere Zärtlichkeiten kriegen sie nicht«, scheinen mir die Körper dieser Frauen und deren körperliche Nähe zu sagen. Denn ihr Tanz in dieser Bar wirkt nicht wirklich frei und ausgelassen, sondern eher so wie zum Trost füreinander, sich liebevoll mit ihren »geschundenen Körpern« umarmend.

Dann aber tanzen sie nicht mehr bloß so zurückhaltend zu der Musik in der Kneipe. Sie überzeugen den Wirt davon, ihre Playlist laut spielen zu lassen. Ich bin gespannt und neugierig. Wird jetzt gleich Blues oder Punk oder Gangsta-Rap laufen?

Weit gefehlt! Eine Schnulze nach der anderen spult hier ab. *Liebe für immer. The One and Only. I Will Always Love You.* So geht das endlos weiter. Eigentlich wollte ich hier Textstellen zitieren – aber ich habe sie ehrlich gesagt sofort wieder verdrängt. Denn vor diesem Kitsch musste ich regelrecht fliehen.

Geld und Romantik (Zweckgemeinschaft und Liebe) sind wohl zwei Seiten einer Medaille, die wir »Bürgerlichen« zwar vom Ansatz her kennen und nachvollziehen können, aber in der konkreten Ausprägung unterschätzen. Denn eine Ehe ist ja nicht nur der Zusammenschluss zweier Liebender, sondern irgendwann einmal auch eine Haushaltsgemeinschaft, in der es auch ums Geld geht. Das wollen wir bloß im Zeitalter der Liebesehe möglichst ausblenden und uns nicht eingestehen. Schmeißt er aber einfach das Geld zum Fenster raus oder legt sich faul auf das Sofa und arbeitet nicht, werfen wir ihn doch nach einer Weile raus, auch wenn der Sex mit ihm noch so geil ist. Umgekehrt bleiben wir aber nicht bei ihm, auch wenn er Millionen verdient und uns unsere Gefühle abhandenkamen.

Paare ohne Trauschein unterscheiden sich von Eheleuten vor allem dadurch, dass sie letztlich nicht finanziell füreinander einstehen müssen. Wenn einer der unverheirateten Partner mal eben so glaubt, sich in Indien verwirklichen zu müssen, und keine pekuniäre Verantwortung mehr für den gemeinsamen Haushalt übernehmen möchte, kann er einfach gehen. Eheleute stehen hingegen sogar nach einer Scheidung noch teilweise füreinander in der Pflicht für Unterhalt oder Rente.

Umso erstaunlicher mutet in Anbetracht dessen an, dass Paare mit Familienbuch im Schnitt glücklicher sind als Partner, die kein Standesamt besuchten. Seltsam. Meine Theorie dazu ist: Es geht letztlich weniger ums Geld, sondern um die einander zugesagte Verbindlichkeit. Um die Verantwortung, die wir auch bis zum bitteren Geld füreinander übernehmen. Wenn wir uns trauen, uns zu trauen, werden wir also glücklicher.

Interview mit Gott

Warnhinweis: Dieser Text könnte Ihre religiösen Gefühle verletzen und Ihre Spiritualität nachhaltig beeinträchtigen! Strenggläubigen Menschen, egal welcher Religion und welchen Geschlechts, wird deshalb von der Lektüre dringend abgeraten. Greifen Sie lieber zur Bibel, zum Koran oder zu Tanach und Talmud – um nur die wichtigsten Glaubensschriften zu erwähnen –, ehe Sie sich in dieses atheistische Abenteuer stürzen. Sollten Sie allerdings eine langjährige Ehefrau sein, vergessen Sie diesen Warnhinweis getrost sofort wieder. Sie kann und wird ohnehin nichts mehr aus der Fassung bringen.

MB   Lieber Herr Gott! Ich danke Ihnen sehr, dass Sie sich für ein Interview für dieses Buch zur Verfügung gestellt haben. Diese besondere Ehre weiß ich sehr zu schätzen.

GOTT *(charmant)*   Aber gerne doch! Wissen Sie, die Menschen denken doch, ich wäre ständig in Beschlag genommen mit solchen Anfragen. In Wahrheit *glauben* das aber nur viele. Kaum jemand meldet sich bei mir. Die letzte Interview-Anfrage liegt schon etwa 200 Jahre zurück. Ich glaube, es war Voltaire oder sonst so ein Aufklärer, der sich direkt an mich gewandt und mich nicht bloß indirekt beschimpft hat.

MB   Echt jetzt? 200 Jahre?

GOTT   Nageln Sie mich nicht fest, ich müsste in den Unterlagen nachsehen … Möchten Sie etwas trinken?

MB Gerne, ein Glas Wasser bitte.

GOTT Wenn Sie möchten, kann ich es Ihnen auch noch schnell in Wein verwandeln. *(schmunzelnd)* Ich bin zwar auch schon älter geworden, aber über bestimmte Fähigkeiten verfüge ich immer noch.

MB Sie meinen nicht nur Ihre Fähigkeit, Wunder geschehen zu lassen? Sondern auch Ihre … hm … ich nenne es mal frei heraus: Ihre geistige, spirituelle und körperliche Potenz?

GOTT *(grinsend)* Genau! Was macht es für eine Freude, mit intelligenten Frauen wie Ihnen einen Austausch zu haben! Immer nur von oben bei Diskussionen zuzuschauen ist auch langweilig.

MB Es könnte aber auch noch ungemütlich werden mit mir, wegen bestimmter Fragen!

GOTT Nur zu! Davor habe ich keine Angst. Endlich haben sich die Menschen so weit entwickelt, dass auch Frauen kritisch nachfragen und widersprechen.

MB Womit wir beim Thema wären. Ich schreibe nämlich gerade ein Buch über Männer und Frauen.

GOTT Da hat doch eine wunderbare Entwicklung stattgefunden. Die Frauen haben sich emanzipiert. Sie haben sich das Wahlrecht erkämpft, tragen Hosen und – Sie sind doch Deutsche, oder? – sind sogar Regierungschef!

MB Wie bitte? Sie begrüßen diese emanzipatorische Entwicklung, obwohl Sie uns Jahrtausende unterdrückt und uns alle erdenklichen Steine in den Weg gelegt haben?

GOTT Wo bitte habe ich die Frauen unterdrückt? Wo habe ich ihnen Steine in den Weg gelegt? Das waren allesamt die irdischen, männlichen Interpreten meiner göttlichen Worte und deren Auslegung. Das ist Politik und hat mit mir und meinem Job erst einmal gar nichts zu tun! Ich bin für den Glauben und nicht für das Patriarchat zuständig. Nein, diesen Schuh zieh ich mir nicht an!

MB Aber Sie haben doch, jedenfalls in der Bibel, gesagt, dass der Mann sich die Erde und die Frau zum Untertanen machen soll. Und im Koran rufen Sie auch noch offen zu Gewalt gegen Frauen auf!

GOTT Wo steht das? Belegen Sie das bitte! … Aber gut, vielleicht steht das sogar in diesen Schriften, ich kenne ja auch nicht alle Texte auswendig. Diese ganzen sogenannten Heiligen Schriften habe ich auch gar nicht zu verantworten. Die haben doch Männer notiert, die sich selbst zu Propheten ernannt haben, ohne von mir letztlich dazu autorisiert worden zu sein.

MB Ach, jetzt winden Sie sich aber heraus. Wollen Sie vielleicht noch bestreiten, zwei Geschlechter erschaffen zu haben?

GOTT Nein.

MB Wie, ›nein‹?

GOTT Ganz einfach: Nein!

MB Sie geben also zu, die zwei Geschlechter mit den ganzen Folgeproblemen geschaffen zu haben?

GOTT Ja.

MB Gut, ich merke, dass ich wirklich bei Gott bin, denn kein menschlicher Mann auf dieser Welt würde dies so unumwunden und offen zugeben: die Grundlage für alle weiteren Probleme dieser Welt gelegt zu haben.

GOTT Hab ich aber nicht. Sie verwechseln da was, wie ich schon sagte …

MB … es sei die Auslegung? Nein, so leicht kommen Sie mir nicht aus. Was um Himmels willen hat Sie dazu veranlasst, uns all das einzubrocken? Seit Menschengedenken kreisen unsere Gedanken um die Liebe und die Partnersuche. Wir werden gar nicht mehr damit fertig, das halbwegs auf die Reihe und in geregelte Bahnen zu kriegen. Wenn ich nur an meinen Mann und mich denke, ich sag es Ihnen, ich könnte da …

GOTT *(unterbricht mich)* … weiß Gott was erzählen. Ja, das kann ich mir vorstellen. Ich beobachte Sie doch auch immer wieder mal.

MB Wie? Sie überwachen unser Schlafzimmer?

GOTT Nicht nur das. Auch Ihre Gedanken. Oder haben Sie vergessen, wer ich bin?

MB Nein, natürlich nicht … Ich war jetzt nur kurz irritiert … zurück zur Sache. Was haben Sie sich eigentlich dabei gedacht, zwei verschiedene Geschlechter zu erschaffen? Wollten Sie Krieg, von Anfang an?

GOTT *(souverän)* Das ist nun Ihre Interpretation. Kommen Sie schon, Sie sind klüger, Sie können weiter denken!

MB Sie wissen wohl alles ganz genau!

GOTT Wäre ich sonst Gott?

MB Okay, Punktsieg für Sie. Aber ich möchte trotzdem noch eine Erklärung dafür, warum ich Stunden meines Lebens damit verbracht habe, mich aufzuhübschen, um Männern zu gefallen. Warum ich schon Jahre damit beschäftigt bin, mit Freundinnen darüber zu telefonieren, ob mein Mann der Richtige ist. Und warum wir Frauen uns seit Jahrtausenden fragen, wieso er so leicht zu einem Orgasmus kommt und wir nur so kompliziert. Geben Sie endlich eine ehrliche Antwort auf diese Fragen!

GOTT *(nachdenklich)* … Die ganzen Folgen waren mir tatsächlich nicht so ganz bewusst bei der Erschaffung der Welt …

MB Aha. Sie haben also mir nichts, dir nichts einfach so mal zwei Geschlechter erschaffen und uns und die Tierwelt anschließend mit den ewigen Fragen nach der Liebe alleingelassen!

GOTT Nein! Als ob sich Tiere die Frage nach der Liebe stellen würden! Bei Tieren geht es doch nur um die Paarung. Die Menschen sind da schon anders, die habe ich ganz bewusst anders geschaffen.

MB Und warum, wenn ich fragen darf?

GOTT Weil … weil … Wissen Sie, Gott ist auch bisweilen … beinahe hätte ich gesagt: »Auch nur ein Mensch«.

MB Was ist denn das für eine Ausrede?

GOTT Sehen Sie, genau deshalb hab ich Frauen erschaffen, damit ich solche Dinge und Fragen an den Kopf geknallt kriege! Männlicher Intellekt macht einsamer, als Sie glauben.

MB Soll ich Sie jetzt noch bedauern, weil Sie ein alter, weiser Mann sind?

GOTT Ja, vielleicht. Ja, vielleicht sogar das. Auch wenn Ihre Frage rhetorisch gemeint war, schon klar.

MB Ich komme zur Ursprungsfrage zurück, von der Sie andauernd ablenken: Warum haben Sie verdammt noch mal zwei Geschlechter erfunden? Wollten Sie selbst noch Ihren Spaß im Alter haben? Und kommen Sie mir jetzt bloß nicht mit der Genetik und dem Mix der Chromosomen. Einfache biologistische Erklärungen interessieren mich nicht!

GOTT Aber Sie sind doch ganz glücklich mit Ihrem Mann, oder?

MB Als ob es um mich persönlich ginge. Mitnichten. Es geht mir um allgemeinere Fragen, und da dachte ich eigentlich, ich wäre bei Ihnen an der richtigen Adresse.

GOTT Okay, Punktsieg für Sie. Ja, das ist tatsächlich eine interessante Frage, warum ich damals den Mix der Geschlechter und der Gene bevorzugt habe, anstatt den Tieren und Menschen ihren Frieden zu lassen und sie sich selbst ganz einfach so ohne Partner fortpflanzen zu lassen, um das Leben weiterzugeben. Denn dass das Leben weiterzugeben ein Wert an sich ist, darüber sind wir uns schon einig, oder?

MB Absolut. Klar.

GOTT Wissen Sie, ich stand damals vor der Frage: Wie schmeißt man so einen Laden, dass er auch auf die Dauer funktioniert? Ich meine, so lange wie möglich. Denn kurz mal schnell kann ich jedes Geschäft und jede Natur in einer Woche aufziehen. Aber solange es die Geologie zulässt – eine Größe, die Sie als Mensch ständig vernachlässigen –, wollte ich einen möglichst tollen Betrieb aufbauen. Und da habe ich mir damals Gedanken gedacht, was der größte natürliche Feind so einer Schöpfung wäre, und kam zu dem Schluss, dass dies die Langeweile wäre.

MB Langeweile? Meine Freundin Dorothee leidet wie Sau, weil sie keinen Mann findet, auch nicht über Elite-Partner. Kikki will sich trennen und schafft es nicht – und Sie reden von Langeweile?

GOTT *(grinsend)* Eben! ... Und jetzt stellen Sie sich mal vor, was wäre, wenn es die zwei Geschlechter nicht gäbe. Was hätten Sie mit Ihren Freundinnen im Biergarten noch zu bequatschen?

MB Die Logik ist zwar an sich erst einmal bezwingend,

aber uns würden sicherlich tausend andere Sachen einfallen.

GOTT *(grinsend/ironisch)* Über noch mehr Schuhmode? Über noch mehr Kosmetik?

MB Nö! Das wäre dann ja nicht mehr nötig, wenn diese Schönheits- und Liebesspiele wegfallen würden.

GOTT Okay. Punktsieg für Sie!

MB Also warum wirklich?

GOTT Das sagte ich doch schon! Wegen der Langeweile.

MB Das war also ernst gemeint?

GOTT Natürlich! Und vergessen Sie nicht die Künste. Die Literatur und die Musik und die Malerei. Was wären die Künste ohne die immerwährende Frage nach Attraktion, Liebe und Abstoßung? Ich behaupte mal, die Menschen hätten noch nicht mal die Musik erfunden, wenn es das Geschlechterspiel nicht geben würde. Wobei ich frei von der Leber weg zugebe, die Eigendynamik damals bei der Schöpfung noch nicht abgesehen zu haben.

MB Sie haben uns also als Experiment gestartet, abwartend, was dabei noch herauskommt?

GOTT Ja. Na und? Der Mensch denkt, und Gott lenkt, heißt es doch so schön. Und ich hab einfach auf Risiko gesetzt ... Typisch männlich übrigens, gebe ich zu, bevor Sie mir jetzt mit diesem Vorwurf kommen.

MB Ja, wollte ich gerade, Sie können offenbar Gedanken lesen.

GOTT Ich bin ja auch Gott.

MB Hätt ich jetzt fast vergessen, weil Sie sich so menschlich zeigen.

GOTT *(charmant)* Und Sie sind, ganz ehrlich gesagt, göttlich!

MB Mein lieber Herr Gott, Ihr Charme in allen Ehren, aber ich bin weit über 30 …

GOTT Als ob so eine Zahl für unsereins eine Rolle spielen würde. 30 oder 80 Jahre im Weltenlauf?! Das sind nicht mal Nanosekunden für mein Denken.

MB Sie meinen, mein biologisches Alter, meine Falten, mein Hängebusen und ach … Sie wissen ja ohnehin alles … spielen überhaupt keine Rolle?

GOTT Darauf antworte ich nicht. Denn Sie wissen es besser. Ich werde Ihnen keine Banalitäten verkünden, die Sie ohnehin kennen.

MB *(freudig)* Jetzt verstehe ich, warum Frauen ab einem bestimmten Alter plötzlich gläubig werden. Das hat weniger mit philosophischen oder spirituellen Einsichten zu tun als vielmehr mit einem Typ wie Ihnen, dem das biologische Alter einer Frau tatsächlich völlig egal ist.

GOTT *(grinsend)* Erfasst! Und so habe ich hier oben als alter, weißer Mann auch noch meinen Spaß mit deutlich jüngeren Wesen als mir!

MB *(fassungslos)*   Ah, jetzt verstehe ich erst richtig! Mit Langeweile meinten Sie nicht hauptsächlich uns Menschen, sondern sich selbst! Sie sind ein Chauvi, ein Macho, ein Patriarch … einer, der sich jetzt nur modern und emanzipiert gibt!

GOTT   Das mag ja alles stimmen, aber was wäre, wenn Sie sich nicht daran abzuarbeiten hätten? Wie würden Sie sich fühlen?

MB   Wäre wahrscheinlich langweilig …

GOTT *(grinsend)*   Sehen Sie! Und darauf stoßen wir nun mit einem Glas Wein an, einverstanden?

Gruppensex
im Pensionistenheim

Es gibt unzählige romantische Lovesongs, die meist vom Begehren oder einer Enttäuschung in jungen Jahren handeln. Er schmachtet nach ihr, sie sucht ihn, er weint ihr nach, sie ist nach seiner Abweisung todunglücklich – dieses Thema in Variationen erobert regelmäßig die Charts. Kaum aber haben sich zwei gefunden, scheint es aus und vorbei mit der Muse und der zu besingenden Romantik und Liebe. Ich lasse mich gerne eines Besseren belehren, aber mir fällt auf Anhieb kein einziger Song ein, der in den vergangenen zehn Jahren mit einer Hymne auf eine langjährige Ehe die Hitparaden gestürmt hätte.

Ist das nicht seltsam? Denn das Suchen und Finden einer Liebe mag wirklich nicht einfach sein, aber das eigentliche Drama beginnt doch erst danach. Spätestens wenn er seine Socken sucht und ganz harmlos bemerkt: »Ich finde meine Socken nicht mehr. Wo hast du sie hingelegt?«, eröffnet sich eine ganz andere Dimension des Suchens und Findens in der Liebe. Das aber besingt niemand! Die musikalische Muse scheint sich einer Art FSK (freiwillige Selbstkontrolle) mit einer umgekehrten Altersbeschränkung unterworfen zu haben.

Deshalb traute ich neulich auch meinen Ohren nicht ganz richtig, als mein 18-jähriger Sohn Lukas mit ein paar Freunden Pasta kochte und plötzlich musikalisch von der Küche ins Arbeitszimmer zu mir herüberdrang: »Er legt die falschen Zähne ab … Ein jeder unter 70 muss draußen bleiben … die Vibratoren surren … er steckt den Stock in sie hinein … Kreuz und quer wird gevögelt, ja das ist fein.«

Was?! Was hören die??? Sie spielten das Lied noch mal und amüsierten sich köstlich darüber.

Ich googelte schnell – der Song war von der Wiener Band Die Hinichen und hieß »Gruppensex im Pensionistenheim«. Ich fand weder Text noch Musik sonderlich prickelnd, eher ziemlich ordinär und ganz einfach auf einen Tabubruch hin ausgelegt. Aber das hören junge Männer??? Kurz darauf wurde mir klar, dass es eben deshalb junge Männer hören, weil sie sich noch über einen Tabubruch amüsieren können.

Geht es eigentlich noch bescheuerter, als sich darüber lustig zu machen, dass Senioren auf jung machen und Gruppensex haben? Aber gut, schlechter Geschmack ist auch ein Vorrecht der Jugend. Sage ich aber nicht laut, denn ich will den Jungs nicht die gute Stimmung verderben. Außerdem unterliegen sexuelle Themen auch einem gewissen Tabu zwischen Mutter und Sohn und umgekehrt Vater und Tochter. Gott sei Dank, füge ich an dieser Stelle hinzu. Denn weit davon entfernt, eine Grenze des Inzest-Tabus zu überschreiten, fängt eine freiwillige Selbstkontrolle einfach schon intuitiv früher an, wenn die Eltern ab einem bestimmten Alter der Kinder beispielsweise nicht mehr nackt durch die Wohnung hüpfen.

Aber wie auch immer: Da sitze ich also in meinem Arbeitszimmer, höre unfreiwillig »Gruppensex im Pensionistenheim« und frage mich plötzlich, wo eigentlich die ganzen »Kommunen« geblieben sind, die in meiner Kindheit in aller Munde und das Schreckgespenst meiner Mutter waren. Als ich mir mit 14 Jahren eine lila Latzhose zu Weihnachten wünschte, wurde sie kreidebleich und stotterte: »Du wirst doch nicht ... so was ... am Ende landest du noch in einer Kommune!«

Wie alle Worte von Müttern, und mich nun leider eingeschlossen, bewirken solche Warnungen und Befürchtungen eher das Gegenteil ihres eigentlichen Zweckes. »Kommunen« wurden daraufhin nur noch interessanter für mich. Und ich informierte mich prompt ausführlich darüber – damals noch ganz ohne Internet, sondern über Zeitschriften, das Fernsehen und Freunde.

Kaum hatte ich das Thema entdeckt, kamen die Kommunen aber auch schon wieder auf die rote Liste der aussterbenden Gesellschaftsformen. Irgendwo in Berlin sollte es zwar noch so eine Art des Zusammenlebens geben. In anderen Städten oder gar auf dem Land waren sie aber plötzlich wie vom Erdboden verschluckt, und stattdessen sprossen Wohngemeinschaften wie Pilze aus dem Boden. Aber es dauerte gefühlt 20 Jahre, nämlich bis zu meiner Eheschließung, ehe ich meiner Mutter den grundlegenden Unterschied nachhaltig erklären konnte: In einer WG lebt man als Zweckgemeinschaft und nicht mit offenen Beziehungen zusammen. Es geht um das Aufteilen der Miete und nicht um gemeinsamen Sex.

Ich war sozusagen knapp eine Generation zu spät dran, um die Achtundsechziger und deren Kommunen, den gemeinsamen Sex und die gemeinsamen Drogen noch teilen zu können. Ob das gut oder schlecht ist, sei einfach mal dahingestellt. Beim Hören von »Gruppensex im Pensionistenheim« fragte ich mich jedoch plötzlich, wieso sich eigentlich das Modell, auf den Partner keine Beziehungsansprüche zu erheben, nicht durchgesetzt hat. Klar, es gibt immer noch Menschen und Paare, die anders leben, die eine offene Beziehung oder Gruppensex haben – und das soll auch jeder und jede so handhaben, wie er oder sie will –, aber in einer gesellschaftlichen Debatte als ernsthafte Alternative zu einer »Zweierbeziehung« taucht das heute überhaupt nicht mehr auf.

Vielleicht haben die Ideale der Achtundsechziger abgewirtschaftet? Vielleicht hat ein emotionaler Pragmatismus, der Eifersucht in Beziehungen berücksichtigt, gesiegt? Vielleicht ist der Mensch in seiner Art doch eher einem gefiederten Uhu (mit einer lebenslangen Partnerschaft) als einer Gottesanbeterin ähnlich (deren Geschlechtsverhalten ich hier aus Gründen des Würgereizes nicht näher ausführen will)?

Keine Ahnung. Ich weiß es nicht. Ich wäre schon ganz einfach froh darüber, mit Alex auch im Seniorenheim noch geilen Sex haben zu können und nicht bloß eines Tages nur noch an das Gebiss in der Kukident-Lauge zu denken. Oder mischt sich im Ü-70-Stadium noch einmal alles ganz, ganz neu und findet eine Art umgekehrte Pubertät statt? Das wäre ja was, wenn da nicht bloß geistig, sondern auch noch mal körperlich was Neues käme! Ist an diesem peinlichen Song vielleicht doch ein Funke Wahrheit dran? Ach was, Unsinn! Das Alter ist doch gerade von einem körperlichen Verfall und nicht von einem Hormonkarussell geprägt. Darin liegt aber auch ein entscheidender Vorteil: Wir müssen nicht mehr nach dem anderen schmachten und hoffen, dass er die Liebe erwidert wie die jungen Männer um Lukas. Und vielleicht hören im Seniorenheim dann auch alle Streitereien auf? Gut möglich, denn wenn das Gebiss in Kukident liegt, redet und also streitet es sich auch schlecht.

Also alles gut – blöd bloß, dass keine so scheußliche Musik mehr vom Nebenzimmer her zu hören ist. Obwohl … doch! Alles geht noch schlimmer mit Musikantenstadl!

Tatort Schlafzimmer –
ein mörderisches Protokoll

Um es gleich vorweg zu gestehen, lieber Herr Polizist und liebe Frau Kommissarin: Ich habe meinen Mann nicht umsonst im Schlafzimmer umgebracht. Als Germanistin verstehe ich mich auf Raumsemantik. Raumsemantik heißt, dass es kein Zufall ist, was sich in welchem Raum ereignet. Ein Mensch, der stets einsam ist, wird sich in menschenlosen Landschaften zeigen. Ein sozialer Mensch wird hingegen in Kneipen, in Küchen oder auf Partys beschrieben. Achten Sie mal bei der Lektüre von Büchern oder beim Gucken von Filmen darauf – die Raumsemantik charakterisiert einen Menschen sehr genau, ohne dass wir das zunächst bewusst wahrnehmen.

Mein Geschichte und auch mein Geständnis hier – gucken Sie mich nicht so an, ich meine das ernst, trotz des Exkurses zur Raumsemantik – beginnt im Schlafzimmer. Jede psychoanalytische Erklärung meines Verbrechens, jede Literaturinterpretation dazu würde das Schlafzimmer zuerst mit Sex in Verbindung bringen. Und das hat ja auch seine Berechtigung. Aber das ist nur die halbe Wahrheit. Der Sex mit meinem Mann war okay. Nicht das Silvesterfeuerwerk, von dem alle träumen, aber wirklich passabel und einfach ganz in Ordnung. Diese Geschichte beginnt mit seinen Pantoffeln. Genauer: den Filzpantoffeln. Noch genauer: den Filzpantoffeln von C&A.

Klaus und ich haben uns bei einem Rockkonzert kennengelernt. Wir standen nebeneinander vor den Stones im Olympiapark München, wofür wir horrende Eintrittspreise bezahlt hatten. Damals studierten wir beide noch, und die Tickets kosteten fast so viel wie eine Monatsmiete in der WG. Trotzdem blätterte jeder von uns das Geld hin, denn uns war jeweils unabhängig voneinander klar, dass dies womöglich die letzte Chance wäre, diese Legenden live auf der Bühne zu sehen.

Den genauen Wortlaut unseres ersten Dialoges kann ich nicht mehr wiedergeben. Aber er drehte sich im Kern darum, dass unsere Eltern völlig ignorant wären, weil sie nicht verstünden, wieso wir für ein Konzert, von dem nichts als die Erinnerung bleiben würde, über 100 Mark ausgaben, obwohl eine Platte der Stones, die wir immer wieder hören können würden, für rund 20 Mark zu haben wäre. Es dauerte nicht besonders lange, bis wir uns beide gestanden, unsere Eltern wären Spießer der schlimmsten Sorte. Klaus erwähnte dann auch irgendwann – da waren wir vielleicht aber auch schon in meinem WG-Zimmer, den genauen Ort weiß ich nicht mehr –, dass sein Vater der absolute Top-Spießer wäre, denn er schäme sich nicht einmal dafür, sich jeden Abend die Filzpantoffeln (!) von seiner Frau, also Klaus' Mama, ans Bett bringen zu lassen, selbstverständlich ein Ehebett der biedersten Sorte mit Nachtkästchen daneben und Herrendiener. Jeden Abend habe seine Mutter ihren Ehemann insofern zu bedienen, als sie die Filzpantoffeln für ihn vor dem Bett bereitzulegen hätte. Und wehe, der Abstand zur Bettkante wäre zu groß – sein Vater würde das seiner Mutter als mangelnde Liebe auslegen und ihr vorwerfen, dass er ihr wohl nicht wertvoll genug wäre, um auf seine konkreten Bedürfnisse genau zu achten. Lägen sie 30 Zentimeter vom Bettrand entfernt, könne sein Vater morgens nicht einfach so schnell in diese Pantoffeln schlüpfen. Diese Filzhausschuhe seien für den Vater aber eine Garantie für einen gelingenden guten Start in den Tag, denn er, also der Vater, arbeite sich auf für die

Familie, verzichte auf Sonderzulagen, die er getrennt von der Familie auf einer Bohrinsel erhalten würde. Und zugleich verzichte er auf alle Urlaube mit der Familie, um das Häuschen, das er zu 110 Prozent finanziert hätte, für die Kinder, also auch für meinen späteren Mann Klaus, abbezahlen zu können.

Die Filzpantoffeln in Millimetergenauigkeit an den Bettrand des Gatten zu stellen war also für meine spätere Schwiegermutter der Gradmesser der »Anständigkeit«, Lackmustest ihrer Hausfrauenrolle und Liebesbeweis in Personalunion.

»Filzpantoffeln nur einen Millimeter danebengestellt – und schon hängt der Haussegen für Wochen schief. Kann man sich nicht ausdenken, glaubt doch keiner«, gestand Klaus damals nach dem Stones-Konzert ehrlich.

Ich bemitleidete ihn natürlich gebührend. Auch meine Eltern waren aus meiner damaligen Perspektive naturgemäß unendliche Spießer – aber das hier hatte schon eine Extradimension.

Klaus und ich wurden ein Paar, zogen zusammen und achteten darauf, niemals so spießig wie unsere Alten zu werden. Wir lebten zur Miete, denn eine Eigentumswohnung war für uns der Inbegriff von bürgerlicher Biederkeit, ebenso wie Geld anzusparen, Gardinen, eine Eicheneckbank, Autos der Marke Opel, Mercedes und BMW, Nachtkästchen, Heiraten, Krawatten, Urlaub in Tirol, geschlossene Küchenschränke, Sonntagnachmittagsspaziergänge oder eben auch, Schuhe vor der Haustüre auszuziehen.

Wir studierten beide fertig, machten einen »spießigen Abschluss« und kamen irgendwann auf die Idee, dass wir doch auch heiraten könnten, denn eine Ehe an sich müsse ja nicht zwangsläufig zum Verspießern führen. Statt eines Familienfestes gaben wir nach dem Standesamt eine Riesenparty in der Halle eines stillgelegten Fabrikgeländes.

Irgendwann kauften wir uns doch eine Eigentumswohnung, da ewig Miete zu bezahlen einfach finanzieller Unfug war. In der neuen Wohnung pochte ich (ja, das muss ich gerechterweise sagen, das war nur ich, nicht Klaus) auf geschlossene Schränke und einen Gefrierschrank zur Vorratshaltung. Klaus trug wegen seines Jobs Anzüge mit Krawatten und fuhr einen Opel, weil der Arbeitgeber ihm nur einen solchen als Dienstwagen zur Verfügung stellte. Und einmal machten wir sogar Urlaub in Tirol, aber nur, weil wir die Reise gewonnen hatten. Freiwillig wären wir niemals dorthin gefahren.

Aber ansonsten achteten wir weiter sehr darauf, nicht spießig zu werden. Uns kamen keine Gardinen und keine Eichenmöbel ins Haus, und wenn wir zusammen spazieren gingen, dann niemals an einem Sonntag.

Irgendwann trug Klaus plötzlich auch Hausschuhe, genauer: Filzpantoffeln, weil der Fußboden so kalt sei. In reichen Wohnungen gäbe es Fußbodenheizungen, aber wir hätten die ja nun einfach nicht, und auch wenn es doof aussehen würde – so würde es ihn einfach nicht an den Füßen frieren. Da unser Freundeskreis ohnehin auf zwei Leute geschrumpft war und niemand mehr spontan vorbeikam, wandte ich nichts dagegen ein. Sah ja keiner. Und selbstverständlich dachte ich mir damals auch nichts weiter dabei. Was spielt es schon für eine Rolle, ob ein Mann nun Hausschuhe trägt oder nicht? Außerdem sahen wir, dass die Nachbarn – ein ganz junges, unspießiges Paar sowie dessen Freunde – ausnahmslos die Schuhe vor der Wohnungstüre auszogen, so, wie es die jungen Leute heute alle wieder machen.

Doch eines Tages begann Klaus, abends die Hausschuhe vor sein Bett zu stellen, millimetergenau wie sein Vater. Selbstverständlich verlangte er nicht wie sein Vater von mir, dass ich ihm diesen Dienst erweisen sollte. Aber es gab massiven Ärger mit ihm, weil ich eines Morgens, als er noch schlief, gegen seine Hausschuhe gestoßen war und sie danach nicht mehr in die richtige Position hatte bringen können. Na ja, dachte ich mir, jeder Mann hat so seine Eigenheiten.

Doch es wurde immer schlimmer. Klaus begann bald schon kurz nach dem Aufstehen, die Filzpantoffeln so zu positionieren, dass sie ihm nach dem Aufstehen am nächsten Tag exakt zur Verfügung standen. Er rückte mit einem Meterstab an (später ersetzt durch eine Mess-App seines Smartphones) und verkündete bisweilen freudestrahlend, heute schon alles für morgen erledigt zu haben. Deshalb sollte ich doch jetzt bitte gar nicht mehr den Raum betreten, um nicht wieder alles durcheinanderzubringen. Bloß weil er im Haus tagsüber dicke Socken und morgens vor dem Duschen die billigen C&A-Hausschuhe trage, sei ich noch lange nicht berechtigt, seine Ordnung so zu missachten.

Richtig eng wurde es schließlich, als ich das gemeinsame Schlafzimmer nur noch zwischen 23.00 und 23.05 Uhr betreten durfte und exakt um 7.15 Uhr wieder zu verlassen hatte. Ich sollte mich doch bitte an dieses »Zeitfenster« halten, um seinen Schlaf nicht nachhaltig zu stören. Denn schließlich müsse er zu seinem Schlaf kommen, um am nächsten Tag fit zu sein und auch weiter so gut für uns finanziell sorgen zu können, da ich als Germanistin so wenig verdiene. Und er könne nicht gut schlafen, wenn er jederzeit damit rechnen müsse, dass ich zu allen möglichen Unzeiten für so ein Chaos im Schlafzimmer sorgen würde.

Auch das hab ich nicht ganz verstanden, denn seit Jahr und Tag verdiene ich fast die Hälfte unseres Familieneinkommens. Wieso müsse er für uns sorgen? Aber ich wollte eben auch den Schlaf meines Mannes nicht beeinträchtigen und zog deshalb auf das Sofa im Wohnzimmer, um ihn nicht zu stören, denn ich konnte mich erstens nicht exakt an die Zeiten halten und muss zweitens in jeder Nacht mindestens einmal aufstehen, um zur Toilette zu gehen. Zu diesem Zeitpunkt hatte ich Angst, dass sich mein Mann vielleicht etwas antun könnte, wenn ich bei einem solchen Toilettengang gegen seine Pantoffeln gestoßen wäre.

Vier Wochen später meinte Klaus, er müsse mit mir sprechen – es sei ja ganz lieb von mir, nächtens auf das Sofa auszuwandern, aber dieser Akt zeige ihm nur, wie ich grundlegende Probleme nur verdrängen würde. Mein Nachtlager auf dem Sofa im Wohnzimmer sei nur ein Kaschieren tiefer liegender Probleme. Es ginge doch um viel mehr, ob ich das nicht sehen könne? Mein »Auszug« würde ihn extrem in die Enge treiben und ihm das Gefühl vermitteln, die Frau »ausgelagert« zu haben. Kein normal tickender Mann würde so etwas aushalten und weiter mit einer Frau leben können, die ihn derart moralisch unter Druck setze.

Ich schlug daraufhin vor, eine Weile ins Hotel zu ziehen. Klaus lehnte dies empört ab mit den Worten, ob ich nun das Ende unserer Ehe einfach so aus heiterem Himmel besiegeln wolle.

Also zog ich wieder ins Schlafzimmer, hielt mich an die geforderten Zeiten und vermied es, abends etwas zu trinken, um nachts nicht auf die Toilette gehen zu müssen. Meldete sich doch ein Harndrang, schlich ich mich extrem leise aus dem Raum. Am Schnarchen von Klaus, das nicht unterbrochen wurde, stellte ich fest, dass mein Mann nie etwas davon mitbekam. Dummerweise beeinträchtigte die Angst davor, auf die Toilette gehen zu müssen, aber irgendwann meinen eigenen Schlaf so sehr, dass ich oft stundenlang wach lag. Ich schlief nicht mehr tief und fest, sondern immer nur kurz und oberflächlich. Ich weiß nicht, ob Sie Schlafstörungen kennen. Aber wenn das über Monate oder gar Jahre so geht, liegen irgendwann die Nerven blank. Nicht umsonst gilt Schlafentzug als Foltermethode.

Trotzdem hätte mein Mann vielleicht sogar das alles noch überlebt, wäre da nicht gestern beim Abendessen diese Bemerkung gewesen.

Ich hatte den Tisch fein gedeckt und das Besteck in neue Servietten gelegt. Dazu hatte ich Kerzen aufgestellt, passend zur Farbe der neuen Servietten. Klaus rasierte sich im Badezimmer wie jeden Mittwoch und Sonntag kurz vor dem Abendessen. Mein Mann hat auch andere Verrichtungen – wie er selbst sagt – »ritualisiert«. Die Computermaus im häuslichen Arbeitszimmer lädt er immer an einem Freitag auf, die Krawatten wechselt er immer zum Montag, den Wassertopf entkalkt er immer am Ersten eines Monats, und den Gefrierschrank taut er stets zum Ende eines Quartals ab. Es ist ja nicht so, dass Klaus nichts im Haushalt machen würde, da kann ich oder vielmehr konnte ich wirklich nicht klagen, denn nun lebt Klaus ja nicht mehr.

Denn nachdem ich den Tisch gestern so schön gedeckt hatte und Klaus vom Rasieren zurückkam und sich setzte, machte er eine Bemerkung: »Das ist ja voll spießig, wie das aussieht, gut, dass ohnehin keine Gäste mehr zu uns kommen!«

Ich erwiderte nicht, dass vor allem deswegen keine Gäste mehr zu uns kommen, weil Klaus schon vor Jahren jeden Besuch rausgeekelt hatte, weil »so viele Leute bloß Chaos und Unordnung bringen«.

Ich schwieg und lächelte sogar.

Aber dann, nachts, schlaflos, hörte ich immer und immer wieder seinen Vorwurf, dass ich »voll spießig« geworden wäre. Und plötzlich hörte ich eine innere Stimme rufen: »Das kannst du nicht auf dir sitzen lassen!« Ich schlich mich leise in die Küche, holte das größte Messer aus dem Messerblock und dachte mir dabei, dass so ein Messerblock, den er ins Haus gebracht hatte, eigentlich auch spießig sei. Dann ging ich ins Schlafzimmer zurück, wartete, bis sich meine Augen wieder an das Halbdunkel gewöhnt hatten, und stach so oft auf meinen Mann ein, bis er nicht mehr schnarchte. Anschließend knipste ich das Licht an und rückte seine Pantoffeln, die bei dieser Aktion verrutscht waren, wieder gerade.

Und nun stehe ich vor Ihnen und gestehe alles und möchte Ihnen, da Sie beide noch jung sind, Herr Polizist und Frau Kommissarin, dringend dazu raten, bei der Partnerwahl darauf zu achten, wie sich der gleichgeschlechtliche Elternteil des Zukünftigen oder der Zukünftigen im Alter verhält. Meist übernehmen die Söhne später das Verhalten der Väter und umgekehrt auch die Töchter das der Mütter. Übrigens auch in meinem Fall. Meine Mutter sitzt schon seit Jahren ein – Sie können sich ausrechnen, warum.

Er hat immer das letzte Wort

Schlusswort von Alex

Ich verstehe überhaupt nicht, wieso man über die Ehe, speziell unsere, ein ganzes Buch schreiben kann. Aber gut, wenn sie meint, dann soll sie das tun. Ich für meinen Teil kann nur sagen: Es ist alles wunderbar. Ich bin sehr glücklich mit ihr. Wir haben überhaupt keine Probleme, streiten praktisch nie und haben die gleichen Ansichten. Alles super paletti bei uns!

Also, ohne meine Frau wär die Ehe unerträglich.

Quellen

Kapitel »Schatzi auf den 97. Blick«

Florian Zsok: What kind of love is love at first sight? An empirical investigation, in: Personal Relationship, 17.11.2017, zitiert nach Herrmann, Sebastian, in: Süddeutsche Zeitung Online, »Wissen«, 13.12.2017

Kapitel »Zauberformel«:

»Frau zufrieden -> Beziehung gut«, Journal of Marriage and Family, zitiert nach Süddeutsche Zeitung Online, »Gesellschaft«, 14.9.2014

Kapitel »Der richtige Riecher«

Onmeda (Onlineportal), Interview von Lydia Klöckner mit Yael Adler: »Der Körpergeruch verrät mehr, als den meisten bewusst ist«, 11.12.2017

Das neue Buch von der Autorin des Bestsellers
»Ich hatte mich jünger in Erinnerung«

Monika Bittl

Ich will so bleiben wie ich war

Glücks-Push-up für die Frau ab 40

Haben wir die 40 erst mal überschritten, werden wir zu wahren Anti-Aging-Aktionskünstlerinnen und bekämpfen graue Haare, Altersflecken und Falten bis aufs Messer – und manchmal sogar unter dem Messer.
 Dabei lauern die viel dramatischeren Folgen des Älterwerdens im Inneren, wenn uns die Unbeschwertheit und Leichtigkeit plötzlich abhandenkommen. Ab 40 stehen wir vor der Wahl, uns dem Trübsinn hinzugeben oder glücklicher denn je zu werden – wenn wir es denn wollen. In ihren herrlich unterhaltsamen Alltagsgeschichten zeigt Monika Bittl: Wer nicht ständig lamentiert und den Blickwinkel auf sich und die Welt noch einmal verändert, bekommt einen ganz neuen Glücks-Push.

Ein augenzwinkerndes Buch über die neue Lebensfreude beim Älterwerden – das perfekte Geschenk für die beste Freundin!